Bildnachweis:

Peter Barci: Rezeptfotos Seite 43, 47, 49, 53, 55, 61, 65, 67, 73, 79, 83, 87, 89, 95, 99, 105, 107, 111, 122
fotolia: Seite 7, 11, 14, 15, 18, 19, 20, 21, 22, 23, 24, 25, 26, 27, 28, 29, 30, 31, 33, 34, 41, 115
iStock: Seite 10, 12, 15, 16, 17, 23, 30, 31, 32, 37, 61, 77, 91, 103, 117
stock.adobe: Cover, Seite 1
Robert Saringer: Autorenfoto U4

Impressum:

ISBN 978-3-7088-0672-3

Copyright:

Kneipp Verlag GmbH und Co KG
Lobkowitzplatz 1, 1010 Wien
www.kneippverlag.com
www.facebook.com/KneippVerlagWien
Autorin: Ulli Zika
Lektorat: Heidi Hölbling-Fellhuber
Cover und Grafik: Oskar Kubinecz, www.kubinecz.at
Druck: FINIDR, s.r.o.

Printed in the EU
1. Auflage, März 2016

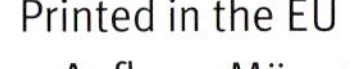

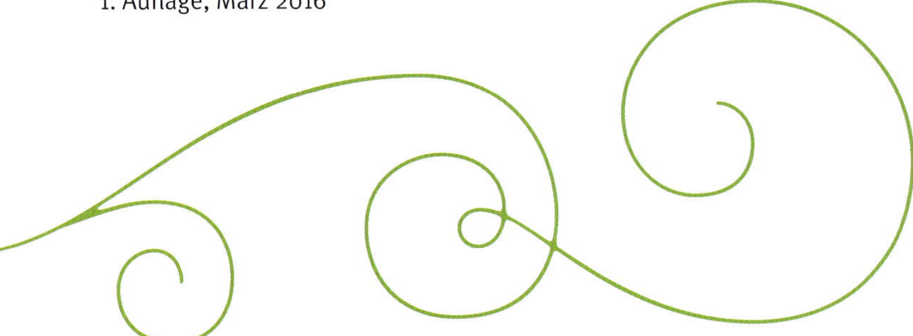

Ulli Zika

Grünes Eiweiß
Blitzrezepte

60 Rezepte mit
Hülsenfrüchten, Pilzen,
Getreide und Nüssen

Inhalt

Hauptspeisen und Beilagen

Desserts

Weniger Fleisch – gesünder leben

Wer seinen Fleischkonsum reduziert, verbessert häufig seine Gesundheit, entlastet die Umwelt und trägt zu einer ökonomischeren und effizienteren Herstellung von Lebensmitteln bei.

In Österreich und Deutschland beträgt der durchschnittliche Fleischkonsum pro Kopf rund 60 bis 70 Kilogramm im Jahr. Zum Vergleich: Der weltweite Verbrauch liegt durchschnittlich bei 40 Kilogramm pro Jahr, wobei in den Industrieländern derzeit noch um vieles mehr Fleisch konsumiert wird als in den Schwellen- und Entwicklungsländern. Allerdings nimmt im Zuge der wachsenden Industrialisierung auch dort der Fleischkonsum rasant zu.

Weltweit hat sich der Fleischkonsum in den letzten 60 Jahren mehr als verdoppelt. Dabei achten die wenigsten Konsumentinnen und Konsumenten auf Qualität. Nach wie vor ist oft der Preis ausschlaggebend für die Kaufentscheidung. In unseren Breiten wird mehrmals wöchentlich – häufig sogar täglich – Fleisch verzehrt und dieses dann in minderwertiger Qualität. Häufig ist zudem das Verhältnis von Fleisch zu den restlichen Komponenten einer Mahlzeit in einem offensichtlichen Ungleichgewicht. Große „Fleischbrocken" dominieren auf dem Teller, Gemüse und Getreide spielen nur eine bescheidene Nebenrolle. Fleischloses kommt in vielen Fällen nur in Form von wenig gesunden Süßspeisen oder anderen tierischen Produkten wie Käse und Milchprodukten auf den Speiseplan.

Rotes Fleisch – ungesund und unökonomisch

1992 bis 2000 wurde in einer groß angelegten europäischen Studie zur Erforschung der Zusammenhänge zwischen Ernährung und Krebs nachgewiesen, dass Menschen, die häufig rotes Fleisch konsumieren, also Schweine-, Rind-, Kalb- oder Lammfleisch essen, ein signifikant höheres Risiko haben, an Darmkrebs zu erkranken, als Vergleichsgruppen, die wenig oder kein rotes Fleisch essen.

Aber nicht nur aus medizinischen und gesundheitlichen Aspekten sollte der hohe Fleischkonsum hinterfragt werden – auch ökonomische Argumente sprechen dafür: Bei der Produktion von Fleisch werden viel mehr Ressourcen benötigt als bei der Produktion von pflanzlichen Nahrungsmitteln. Weideland, Energie, Anbauflächen von Futtermitteln sowie Wasser werden in einem Ausmaß verbraucht, das jedes Grundverständnis von ökonomischem Wirtschaften außer Kraft setzt. Um ein Kilogramm Fleisch zu produzieren, werden rund sieben bis 16 Kilogramm Getreide oder Sojabohnen benötigt.

Auf jener Fläche, die für die Produktion von einem Kilogramm Fleisch erforderlich ist, könnte man im gleichen Zeitraum rund 200 Kilogramm Tomaten oder 160 Kilogramm Kartoffeln ernten. Mit diesem Beispiel klärte kürzlich die Schweizer Vereinigung für Vegetarismus berechtigterweise über das Ungleichgewicht auf, das hier sichtbar gemacht werden soll.

Mehr Verantwortung für unsere Umwelt

Wenn wir unseren Fleischkonsum nicht drastisch reduzieren, hat neben unserer Gesundheit und einer effizienten Ökonomie auch noch unsere Umwelt ein riesiges Problem.

Die erhöhte Methangas-Produktion, das Abholzen von Regenwäldern für die weltweite Futtermittelproduktion, die zunehmende Verseuchung von Boden und Wasser durch Ammoniakdämpfe, Nitrate und Gülle, der enorme Einsatz von Chemikalien und chemischen Medikamenten wie Antibiotika in der Massentierhaltung – all dies sind Gründe, um den eigenen Fleischkonsum drastisch zu reduzieren. Nutztiere verbrauchen übrigens rund acht Prozent der weltweiten Wasserressourcen und gehören damit zu den größten Wasserverbrauchern der Welt.

Der Konsum von pflanzlichen Produkten ist nicht nur in der Produktion, sondern natürlich auch in der Anschaffung der Lebensmittel wesentlich preisgünstiger. Wer fleischlos einkauft, kann viel Geld sparen.

Immer mehr Menschen kommen zudem an einen Punkt, an dem sie das Essen von Tieren für sich

in Frage stellen. Das Bewusstsein, dass in der Tierzucht nach wie vor oft brutalste und lebensverachtende Umstände herrschen, lässt mehr und mehr den Wunsch nach Alternativen für die eigene Ernährung wachsen.

Eine ausgewogene Ernährung ohne Fleisch

Immer mehr Menschen schränken ihren Fleischkonsum ein oder verzichten zur Gänze auf Fleisch, häufig sogar auf sämtliche tierische Produkte. Individuell hat das oft verschiedene Gründe: für die einen Gesundheitsvorteile, für die anderen Tierschutzgedanken oder ethische, ökologische oder ökonomische Beweggründe.

Rasch werden hier Stimmen laut, die immer noch propagieren, dass man sich ohne Fleisch nicht gesund ernähren könne, weil die Zufuhr von lebensnotwendigen Stoffen – allen voran Proteinen – fehle. Diese Lehrmeinung wurde sogar viele Jahre an den Universitäten und in medizinischen Kreisen propagiert.

In der Zwischenzeit weiß auch die Wissenschaft, dass dies so nicht der Realität entspricht. Ernährungswissenschaftlerinnen und -wissenschaftler haben sich mit den Vor- und Nachteilen einer fleischhaltigen Ernährung und vor allem den gesundheitlichen Risiken eines hohen Fleischkonsums auseinandergesetzt und dabei auch eine Reihe an pflanzlichen Alternativen entdeckt.

Protein (Eiweiß)

Jede Zelle unseres Körpers enthält Protein, also Eiweiß. Damit diese Zellen laufend aufgebaut und erneuert werden können, ist die Zufuhr von essenziellen Aminosäuren und Stickstoff über Proteine notwendig. Ernährungswissenschaftler beziffern die empfohlene tägliche Proteindosis mit rund 0,8 Gramm pro Kilogramm Körpergewicht für einen Erwachsenen. Kleinkinder, Schwangere und stillende Frauen haben einen höheren Proteinbedarf. Das bedeutet also für eine Person mit 70 Kilogramm eine empfohlene Proteinzufuhr von 56 Gramm pro Tag. Rund neun bis elf Prozent der zugeführten Energie sollen aus Proteinen stammen.

Ein hoher Eiweißgehalt ist naturgemäß in tierischen Produkten, vor allem in Fleisch, Geflügel, Fisch und Eiern enthalten. Aber auch pflanzliche Lebensmittel enthalten jede Menge Proteine und es ist ohne Weiteres möglich, den Bedarf an Eiweiß rein über pflanzliche Produkte zu decken.

In diesem Buch wurden jene Lebensmittel in den Vordergrund gestellt, die einen hohen pflanzlichen Eiweißanteil haben und daher als wertvolle Alternative zu Fleisch oder Fisch gelten. Aber auch die Kombination verschiedener pflanzlicher Nahrungsmittel spielt eine Rolle bei der Eiweißaufnahme im Körper.

Weitere wichtige Nährstoffe bei vegetarischer Ernährung

Eisen

Eisen kommt in höheren Dosen in Hülsenfrüchten wie Linsen, Mungbohnen, Sojabohnen, Kichererbsen, Bohnen, Sojaprodukten (z. B. Tofu), Ölsamen, Vollkorngetreide, Naturreis, Amarant, Quinoa, Nüssen und diversen Gemüsesorten wie Rucola, Fenchel, Feldsalat, Spinat, Portulak, grünen Erbsen und Zucchini sowie in getrocknetem Obst wie Pfirsichen, Marillen und Datteln vor. Um die Aufnahme von pflanzlichem Eisen zu erhöhen, ist es u. a. hilfreich, diese Nahrungsmittel mit Vitamin C (z. B. mit Zitronen-, Apfel- oder Weinsäure) sowie Milchsäure (enthalten beispielsweise in Sauerkraut) zu kombinieren.

Jod

Jod spielt u. a. für das Funktionieren des Schilddrüsenstoffwechsels eine wichtige Rolle. Da in unseren Breiten Speisesalz – und somit viele Lebensmittel und Fertigprodukte – mit Jod angereichert sind, ist eine zusätzliche Jodaufnahme umstritten. Jod ist in sehr hohen Mengen in Meerestieren, Fischen und vor allem in Meeresalgen, die man im Reformhaus oder Bioladen bekommt, enthalten. Weitere Jodquellen sind Milch und Milchprodukte, Käse, Gemüse, Pilze und Hülsenfrüchte. Wer also mit unjodiertem Salz würzt und wenig fertig gewürzte Speisen zu sich nimmt, sollte seinen Jodbedarf mit den genannten Lebensmitteln decken.

Kalzium

Ausreichend Kalzium ist wichtig für gesunde Knochen und Zähne. Neben Milchprodukten – allen voran Parmesan und Emmentaler – hat das pflanzliche Lebensmittel Sesam den höchsten Kalziumgehalt. Gute pflanzliche Kalziumquellen sind zudem Mandeln, Haselnüsse, Amarant, Quinoa, Grünkohl, Feigen, Spinat, Mangold, Lauch, Brokkoli, Kichererbsen und Tofu.

Omega-3- und Omega-6-Fettsäuren

Diese lebensnotwendigen Fettsäuren sind an wesentlichen Stoffwechselprozessen maßgeblich beteiligt. Wichtig ist, sie dem Körper im richtigen Verhältnis zueinander zuzuführen. Unter den pflanzlichen Lebensmitteln können hier vor allem Walnüsse punkten sowie diverse hochwertige und kalt gepresste Pflanzenöle wie Leinöl, Hanföl, Walnussöl oder Olivenöl und Mikroalgen.

Vitamin B2 (Riboflavin)

Riboflavin ist in zahlreichen pflanzlichen wie tierischen Lebensmitteln enthalten, vor allem in Rinderleber, Kalbsnieren, Milch und Milchprodukten. Aber auch in Mandeln, Champignons, Steinpilzen, Kürbiskernen, Erbsen, „Sojafleisch", Linsen, Pinienkernen, Haselnüssen, Brokkoli, Hafer, Weizenvollkornmehl und Avocados ist das wertvolle Riboflavin enthalten. Vitamin B2 ist sehr licht-, aber nicht hitzeempfindlich und schlecht wasserlöslich. Daher bleibt es auch beim Kochen weitgehend erhalten.

Vitamin D

Vitamin D wird teilweise mithilfe der Sonneneinstrahlung vom Körper selbst gebildet und teilweise über die Nahrung zugeführt. Es ist nur in wenigen Lebensmitteln enthalten – allen voran in fettem Fisch. Bei pflanzlichen Lebensmitteln sind hier Pilze die geeignetste Quelle. Steinpilze, Eierschwammerln (Pfifferlinge), Austernpilze oder Champignons enthalten viel Vitamin D und sollten daher regelmäßig auf unserem Speiseplan stehen.

Zink

Pflanzliche Lebensmittel mit hohem Zinkgehalt sind Kürbiskerne, getrocknete Sojabohnen, Haferflocken, Linsen, Erdnüsse, Hirse, Buchweizen, Naturreis, Roggen, Paranüsse und Steinpilze.

Hülsenfrüchte – gehaltvolle Eiweißquellen

Eine der wertvollsten Quellen von pflanzlichem Eiweiß sind Hülsenfrüchte. Auch wirtschaftlich sind sie ein interessantes Gemüse – man erzielt große Erträge selbst auf kleinen Anbauflächen. Hülsenfrüchte bestehen aus komplexen Kohlenhydraten, die den Blutzuckerspiegel nur leicht ansteigen lassen. Daher sind sie sowohl gegen Diabetes mellitus als auch gegen Übergewicht eine gute Vorsorge.

Tipps für die Zubereitung von Hülsenfrüchten

Im Rezeptteil dieses Buches wird sowohl mit getrockneten als auch mit bereits vorgegarten Produkten gearbeitet. Manchmal fehlt in einem hektischen Arbeitsalltag die Zeit, um so lange im Voraus eine Mahlzeit zu planen. Gerade in der „Blitzküche" greifen wir gerne auf vorgegarte Ware zurück. Naturgemäß ist Dosenware nicht die wertvollste Form von Nahrungsmitteln. Beschichtungen in den Dosen sorgen immer wieder für Kritik, was die gesundheitlichen Auswirkungen betrifft. Reformhäuser und Bioläden bieten aus diesem Grund bereits eine Vielzahl an vorgegarten Hülsenfrüchten in Gläsern an. Wenn es einmal schnell gehen muss, sind diese Produkte eine willkommene Alternative.

Bei sämtlichen getrockneten Hülsenfrüchten ist auf trockene Lagerung zu achten. Zudem ist es erforderlich, getrocknete Hülsenfrüchte über Nacht einzuweichen und das Einweichwasser abzugießen. Auch das Kochwasser sollte möglichst nicht weiterverwendet werden, um die blähende Wirkung zu verringern, die Linsen, Bohnen und Kichererbsen verursachen können. Wer häufig Hülsenfrüchte isst, verträgt sie meist auch besser.

Allgemeine Tipps zum Kochen von Hülsenfrüchten

Achtung: Hülsenfrüchte quellen auf!

Wenn Sie getrocknete Hülsenfrüchte einweichen, saugen sich diese mit Wasser voll und nehmen an Volumen zu. Achten Sie daher beim Einweichen und auch beim Kochen darauf, dass das Einweich- und Kochgefäß groß genug ist und auch im aufgequollenen Zustand alles Platz hat. Grob geschätzt verdoppeln Hülsenfrüchte ihr Trockengewicht beim Kochen (stimmt nicht immer grammgenau, ist aber in fast allen Fällen eine gute Grundregel beim Ersetzen von Produkten). Wenn Sie in einem Rezept 100 Gramm getrocknete Hülsenfrüchte vorfinden, können Sie diese durch 200 Gramm bereits gekochte Produkte aus der Dose bzw. aus dem Glas ersetzen. Sind im Rezept 100 Gramm gekochte Hülsenfrüchte angegeben, so halbieren Sie das Gewicht, wenn Sie mit getrockneten arbeiten möchten – in diesem Beispiel also auf 50 Gramm getrocknete Hülsenfrüchte.

Kochzeiten und Wassermengen variieren

Die Garzeiten und benötigten Wassermengen variieren beim Kochen von Hülsenfrüchten – je nachdem, wie lange diese lagern und wie viel Feuchtigkeit in den Samen selbst noch enthalten ist. Die Anleitungen auf den Packungen können daher immer wieder bei den tatsächlichen Kochzeiten und benötigten Flüssigkeitsmengen stark abweichen. Zudem verdampft unterschiedlich viel Wasser, je nachdem mit wie viel Hitze Sie kochen und ob Sie die Hülsenfrüchte zudecken oder nicht. Kalkhaltiges Wasser lässt Hülsenfrüchte übrigens wesentlich schlechter gar werden. Kochzeiten und Wassermengen können auch aus diesem Grund variieren. Ich empfehle Ihnen daher, immer wieder zu probieren und nötigenfalls die verwendeten Wassermengen wie auch die Kochzeiten anzupassen, wenn Sie feststellen, dass die Hülsenfrüchte nach der angegebenen Kochzeit noch nicht gar sind. Nicht fertig gegarte Hülsenfrüchte sollten Sie nicht verzehren. Sie sind schwer verdaulich und können Blähungen und Bauchschmerzen verursachen.

Kochen mit Dampf und Druck

Wer einen Druckkochtopf besitzt, kann Hülsenfrüchte auch gut darin zubereiten. Dies spart Zeit und gart über Dampf und Druck auf schonende Art. Füllen Sie den Topf aber nur halb voll, damit die aufgequollenen Hülsenfrüchte und der entstehende Schaum nicht das Volumen Ihres Topfes sprengen. Auch ein Dampfgargerät ist eine gute Möglichkeit, um Hülsenfrüchte zu garen. Die Kochzeiten in klassischen Dampfgargeräten – also jenen, die ohne Druck arbeiten – sind jedoch nicht verkürzt.

Schaum entfernen

Beim Kochen von Bohnen, Erbsen, Kichererbsen oder Linsen bildet sich häufig ein unappetitlicher Schaum. Schöpfen sie diesen mit einer Schaumkelle während des Kochvorgangs immer wieder

ab. Durch die Beigabe von einem Löffel Öl kann die Schaumbildung eingedämmt werden – die Kochzeit verlängert sich jedoch.

Salzen

Hülsenfrüchte sollten erst gesalzen werden, wenn sie weich sind. Bedenken Sie, dass auch in fertig gekaufter Suppenwürze reichlich Salz enthalten ist.

Die Spitzenreiter unter den Eiweißquellen

Bohnen

Bohnen sind runde, nierenförmige, zum Teil längliche Samen verschiedener Hülsenfrüchte. Fallweise werden diese auch vor ihrer vollständigen Ausreifung gegessen, als sogenannte grüne Bohnen oder Fisolen, wie sie in Österreich auch bezeichnet werden. Der Eiweißgehalt der ausgereiften Samen ist jedoch um ein Vielfaches höher als jener des grünen Gemüses.

Bohnen sind sehr nahrhaft – nach dem Genuss eines Bohnengerichtes hat wohl kaum jemand noch Hunger. Bohnen haben einen enorm hohen Eiweißgehalt – im Schnitt liegt er zwischen 20 und 25 Prozent. Das schwankt je nach Sorte, die Sojabohne hat sogar rund 50 Prozent.

Abgesehen von dem vielen wertvollen Eiweiß enthalten Bohnen einen hohen Anteil an Ballaststoffen, die für eine gute Verdauung wesentlich sind. Sie sind ein guter Folsäurelieferant und sorgen daher für ein gesundes Blutbild. Zudem zählen sie zu den besten pflanzlichen Eisenlieferanten und sind eine wertvolle Quelle für Niacin und Pantothensäure, was unserer Haut einen guten Dienst erweisen kann.

Regelmäßiger Bohnenkonsum kann helfen, den Cholesterinspiegel zu reduzieren. Auch Darmerkrankungen und Verstopfung kann so vorgebeugt werden. Der geringe Natrium- und der hohe Kaliumgehalt machen Bohnen zu einem wertvollen Lebensmittel für Menschen mit Bluthochdruck.

Getrocknete Bohnen sollten über Nacht eingeweicht werden, damit sich die Kochzeit verringert und die Bohnen auch für unsere Verdauung bekömmlicher werden. Um die biologische Wertigkeit des Bohneneiweißes zu erhöhen, kombiniert man sie gerne mit Kartoffeln und Getreide.

Achtung

Bohnen dürfen nicht roh gegessen werden, da sie reichlich die Stickstoffverbindung Phasin enthalten. Phasin kann Vergiftungserscheinungen auslösen. Durch das Kochen der Bohnen wird es allerdings zerstört – der Verzehr von gekochten Bohnen ist daher völlig unbedenklich.

Ackerbohnen

Die Ackerbohne wird auch Saubohne, Fava-Bohne, Dicke Bohne, Pferdebohne oder Puffbohne genannt. Frühe Formen der Ackerbohne fand man in Ausgrabungen in der Nähe von Nazareth in Israel, die bis in den Zeitraum von 6800 bis 6000 vor Christus datiert werden. Im Mittelalter wurde die Bohne durch die hohen Ernteerträge überhaupt eines der bedeutendsten Nahrungsmittel. Ab dem 17. Jahrhundert wurde der Anbau in Europa dann durch die amerikanischen Formen von Feuerbohnen und Gartenbohnen zurückgedrängt. Heute wird die Ackerbohne in großem Stil als wertvolles Futtermittel für die Viehwirtschaft angebaut. Die Ackerbohne wird in der orientalischen und griechischen Küche noch immer gerne zum Einsatz gebracht – im Rezept auf Seite 45 wird darauf Bezug genommen.

Käferbohnen und Riesenbohnen

Die Käferbohne – heute eine steirische Spezialität – wurde ursprünglich in Amerika angebaut. Sie kam im 17. Jahrhundert nach Europa. Die rankende und krautige Pflanze kann über fünf Meter hoch werden, und ihren leuchtend roten Blüten verdankt sie ihren Namen „Feuerbohne". Aufgrund ihres ästhetischen Aussehens wird sie in Europa auch häufig als Zierpflanze kultiviert. Käferbohnen enthalten rund zehn Prozent Eiweiß.

Eine griechische Variante der Feuerbohne ist die sogenannte Riesenbohne. Diese blüht weiß; ihre Früchte sind weiß und hellbraun und rund 2,5 Zentimeter lang. Sie spielt in der griechischen Küche eine bedeutende Rolle.

Azukibohnen

Die Azukibohne ist eine rotbraune Bohne, die vorrangig in Asien angebaut wird und im tropischen Klima wächst. Sie enthält rund 20 Prozent Eiweiß sowie reichlich Spurenelemente und Mineralien wie Phosphor, Eisen, Kalzium und die Vitamine A, B1, B2, C und Niacin. Aus Sicht der Traditionellen Chinesischen Medizin wirkt sie trocknend und wird verwendet, um Feuchtigkeit aus dem Körper auszuleiten.

Mungbohnen

Mungbohnen sind vor allem in Indien heimisch und bilden einen fixen Bestandteil der ayurvedischen Küche. Sie sind wesentlich leichter verdaulich als viele andere Bohnen und verursachen keine Blähungen. Aus ihren Samen werden gerne Sprossen gezogen, die in unseren Breiten häufig als „Sojasprossen" bezeichnet werden. Mungbohnen haben einen relativ hohen Eiweißanteil, nämlich rund 24 Prozent. Sie enthalten die Vitamine A, B1, B12, Niacin, C und E sowie viel Kalium, Phosphor, Eisen, Magnesium und Kalzium.

Indianerbohnen

Indianerbohnen sind dunkelrot und werden auch Kidneybohnen oder rote Bohnen genannt. Sie enthalten rund 23 Prozent Eiweiß und sind ein fixer Bestandteil der (süd-)amerikanischen Küche. Sie enthalten Folsäure, Eisen, Mangan und Magnesium und wie alle anderen Bohnen auch jede Menge Ballaststoffe, die unserer Verdauung sehr zuträglich sind. Ihr hoher Anteil an Vitamin B1 kann uns helfen, Krankheiten wie Alzheimer und Demenz vorzubeugen. Rote Bohnen sind im Handel häufig auch vorgegart in Dosen oder im Glas erhältlich und daher eine gute Wahl, wenn es einmal schnell gehen soll. Ihr süßlicher Geschmack ist kulinarisch besonders attraktiv. Sie machen sich gut in Salaten, Suppen, Eintöpfen, Aufstrichen und Aufläufen und dürfen natürlich im klassischen Chili – auch ohne „carne", also ohne Fleisch – nicht fehlen.

Sojabohnen

Die Sojabohne wurde erstmals rund 1700 vor Christus in Nordostchina angebaut. Sie nimmt mit ihrem hohen Eiweißanteil einen Sonderstatus unter den pflanzlichen Proteinquellen ein: Sojabohnen enthalten rund 38 Prozent Eiweiß. Reife und getrocknete Sojabohnen enthalten sogar bis zu 50 Prozent Eiweiß. Der größte Teil des weltweit angebauten Sojas wird zur Produktion von Sojaöl sowie von Futtermitteln verwendet. Sonst werden daraus Lebensmittel wie Tofu, Sojasauce, Sojamilch und Sojajoghurt hergestellt. In fermentierter Form kommt Soja u. a. auch als Miso und Tempeh auf den Markt. Aus Sicht der Traditionellen Chinesischen Medizin haben Soja

bzw. Sojaprodukte wie Tofu und Sojamilch eine kühlende und befeuchtende Wirkung und werden daher bei Menschen mit Schleimproblematiken kritisch betrachtet.

Sojasprossen

Im deutschsprachigen Raum findet man häufig „Sojasprossen" im Handel, die eigentlich Mungbohnensprossen sind. Wenn man die Sprossen selbst zieht (die Samen keimen lässt), geht man sicher, echte Sojasprossen zu kultivieren. In der chinesischen und koreanischen Küche werden meist echte Sojasprossen verwendet.

Linsen

Linsen gehören botanisch zur Unterfamilie der Schmetterlingsblütler und kommen in vielfältigen Arten vor. Sie zeichnen sich durch eine ideale Nährstoffkombination aus pflanzlichem Eiweiß, Kohlenhydraten und geringem Fettgehalt aus. Zudem enthalten sie viele Mineralstoffe und Vitamine, vor allem wertvolle B-Vitamine. Diese unterstützen Nerven und Gehirnzellen. Weiters enthalten Linsen Niacin, Kalium, Eisen und Phosphor.

Ihr geringer Natriumgehalt und hoher Kaliumwert machen sie ideal für eine kochsalzarme Ernährung – und daher für Menschen mit Bluthochdruck. Zugleich sind sie sehr sättigend, und ihre Schale enthält viele Ballaststoffe, die für eine gesunde Verdauung sorgen.

Nicht alle Linsensorten müssen vor dem Kochen eingeweicht werden. Das Einweichen verkürzt jedoch die Garzeit und kann auch Blähstoffe reduzieren. Geschälte Linsen schmecken milder und sind leichter verdaulich. Um die manchmal blähende Wirkung abzumildern, ist es wichtig, die Linsen ausreichend zu kochen und reichlich blähungshemmende Kräuter und Gewürze zu verwenden.

In der chinesischen Ernährungslehre werden Linsen gerne verwendet, um das „Qi“, also unsere universelle Lebensenergie zu stärken. Diese Energie sitzt u. a. in den Nieren und kann durch Hülsenfrüchte und speziell durch schwarze Lebensmittel – wie z. B. Belugalinsen – gestärkt werden.

Kulinarisch harmonieren Linsen sehr gut mit etwas Säure, daher wird in vielen Linsenrezepten Essig oder Zitrone verwendet. Zudem macht die Säure die Hülsenfrucht auch etwas bekömmlicher.

Achtung

Linsen haben einen hohen Puringehalt. Daher sollten jene Menschen, die einen hohen Harnsäurespiegel haben und zu Gicht neigen, Linsen – genauso wie Bohnen oder Fleisch – nur in Maßen konsumieren.

Belugalinsen

Belugalinsen – oder auch Kaviarlinsen genannt – stammen ursprünglich aus Nordamerika, meist aus Kanada. In der Zwischenzeit werden sie aber

auch in unseren Breiten kultiviert, und es empfiehlt sich, nach regionalen Produkten Ausschau zu halten. Belugalinsen enthalten rund 26 Prozent Eiweiß und brauchen nur ca. 20 Minuten Garzeit. Sie zerfallen nicht und bleiben körnig und bissfest. Ihre tiefschwarze Farbe macht sie optisch zu einem interessanten Akzent am Teller. Sie weisen aber nicht nur optische, sondern auch geschmacklich Besonderheiten auf.

Braune Tellerlinsen

Braune Tellerlinsen sind größer als viele andere Linsensorten und enthalten im Verhältnis zur Schale wesentlich mehr Stärke als kleinere Linsen.

Erdnüsse

Die Erdnuss ist botanisch keine Nuss, sondern gehört ebenso wie Erbsen, Linsen und Bohnen zur Familie der Hülsenfrüchte. Sie weist jedoch auch einige Gemeinsamkeiten mit Nüssen auf wie beispielsweise einen hohen Fettgehalt und einen niedrigen Anteil an Stärke. Erdnüsse sind – anders als viele andere Hülsenfrüchte – auch roh essbar.

Die Erdnuss hat einen Eiweißgehalt von rund 23 bis 24 Prozent sowie fast 50 Prozent Fett. An Mineralien enthält sie u. a. Kalium, Phosphor, Kalzium, Magnesium, Zink, Eisen, Kupfer und Selen. Sie beinhaltet die Vitamine B1, B2, B3, B5, B6, Folsäure sowie Vitamin E.

Vorsicht ist geboten für Allergiker – das allergene Potenzial der Erdnuss ist relativ hoch und kann bei gefährdeten Personen bis zum lebensbedrohlichen anaphylaktischen Schock gehen.

Pilze

Pilze sind in vielfacher Hinsicht faszinierende Gewächse und gehören möglicherweise zu den ältesten Nahrungsmitteln der Menschheitsgeschichte. Es wird vermutet, dass bereits vor 30 000 Jahren Pilze gegessen wurden.

Die biologische Wertigkeit der Pilze fällt unterschiedlich aus – so wird jene des Austernpilzes bei 49 Punkten angesetzt, jene des Kulturchampignons aber bereits bei 90. Referenzwert ist hier immer das Eiprotein, dem ein Wert von 100 zugeordnet wird. Einige Ernährungsexpertinnen und -experten empfehlen daher, Pilze als Beikost zu Gemüse und Salaten zu verzehren und so die biologische Wertigkeit gut zu ergänzen.

Der am besten verwertbare Eiweißanteil sitzt übrigens zumeist im Hut, der Stamm beinhaltet häufig weniger verwertbares Protein. Vor allem für vegetarisch lebende Menschen sind Pilze eine wertvolle Vitamin-D-Quelle. Pilze helfen somit bei der Knorpel- und Knochenbildung, regulieren den Kalzium-Stoffwechsel und gelten als immunstärkend und herzstärkend. Im Gegensatz zu Bohnen und Linsen haben Pilze einen sehr niedrigen Puringehalt und sind daher auch für Menschen mit Gicht eine gute fleischlose Alternative im täglichen Speiseplan. Pilze bestehen aus anderen Kohlenhydraten, als sie in Pflanzen enthalten sind. Die als Mannit bezeichnete Stärke wird vom Körper wesentlich langsamer aufgenommen und verstoffwechselt. Dadurch entstehen keine Spitzen in der Blutzuckerkurve, was Pilze interessant für Diabetiker/innen macht.

Aufgrund des hohen Wasseranteils und des niedrigen Kaloriengehaltes sind Pilze auch eine willkommene Zutat in einer schlanken und kalorienreduzierten Küche. Sie sind sehr sättigend und wegen des hohen Ballaststoffgehaltes ein unverzichtbarer Regulator für eine gesunde Verdauung und damit eine effiziente Hilfe beim Abnehmen.

Die Verwirrung mit dem Eiweißgehalt in Pilzen

Pilze werden häufig auch „Fleisch des Waldes“ genannt – weil man bei ihnen von einem hohen Eiweißgehalt ausgeht. Dieser bezieht sich allerdings auf den Trockenwert der Pilze – und ist aus diesem Grund so hoch: beispielsweise 29 bis 43 Prozent beim Kulturchampignon, 21 bis 43 Prozent beim Austernpilz und 18 Prozent beim Steinpilz. Nun bestehen aber frische Pilze zu 88 bis 92 Prozent aus Wasser – und nur zu acht bis zwölf Prozent aus der eiweißreichen Trockensubstanz. Dies relativiert den tatsächlichen Anteil in einer Portion von 100 Gramm frischer Speisepilze auf nur drei bis vier Prozent des empfohlenen Tagesbedarfes an Eiweiß.

Neben allen gesundheitlichen Aspekten spricht ein weiterer Pluspunkt für Pilze: Sie stellen eine äußerst geschmackvolle Eiweißquelle dar. Verwenden Sie getrocknete Pilze zum Aromatisieren und Würzen Ihrer vegetarischen oder veganen Suppen, Saucen und Eintöpfe – so kommt gleich wieder eine Extraportion Eiweiß mit in den Kochtopf.

Getreide mit hohem Eiweißgehalt

In einer gesundheitsbewussten und vegetarischen Küche dürfen Getreide und sogenannte Pseudogetreide wie Quinoa nicht fehlen. Zudem finden wir auch in der Getreideküche eine Menge Nahrungsmittel, die einen hohen Proteingehalt aufweisen und sich daher gut als „grünes Eiweiß" eignen.

Quinoa

Quinoa, auch Inkareis, Andenreis, Reismelde oder Reisspinat genannt, gehört zur botanischen Familie der Fuchsschwanzgewächse und ist deshalb mit Spinat und Roten Rüben (Roter Bete) verwandt. Sie weist einen hohen Eiweißgehalt – nämlich rund 14 bis 15 Prozent – auf. Das sogenannte Pseudogetreide ist auch gut für Menschen

mit Glutenunverträglichkeit verwendbar, da es kein Klebereiweiß enthält. Quinoa enthält neben Eiweiß, Kohlenhydraten und jeder Menge Ballaststoffe auch eine Reihe von wertvollen Mineralstoffen wie Kalium, Phosphor, Magnesium, Kalzium, Eisen und Zink sowie die Vitamine B1 und B3. In den täglichen Speiseplan integriert, stellt Quinoa ein rasch und einfach zu verarbeitendes Getreide dar, das sich hervorragend für Laibchen, Salate, Suppen und Aufläufe eignet.

Amarant

Amarant – auch Inkaweizen oder Fuchsschwanz genannt – gehört zu den Fuchsschwanzgewächsen und somit ebenfalls zu den Pseudogetreiden. Die Kulturpflanze zählt zu den ältesten Nutzpflanzen der Menschheitsgeschichte. In rund 9000 Jahre alten mexikanischen Gräbern wurde dieses Pseudogetreide bereits gefunden. Amarant

enthält kein Klebereiweiß, er ist also glutenfrei. Bemerkenswert ist sein hoher Eiweißgehalt von rund 14 bis 18 Prozent. Die biologische Wertigkeit von rund 75 übertrifft sogar jene von Fisch. Zudem verfügt Amarant über jede Menge Eisen, Kalzium, Magnesium und Zink, Ballaststoffe und viele, wertvolle ungesättigte Fettsäuren. Aufgrund seiner ernährungsphysiologischen Eigenschaften wird er gerne der Babynahrung zugefügt. Er wird häufig für Breie und Müslis verwendet und auch in gepoppter Form im Bioladen oder Reformhaus angeboten.

Hafer

Hafer gehört zur botanischen Familie der echten Süßgräser und wurde bereits vor rund 4000 Jahren von den Germanen und Kelten kultiviert. In

Nord- und Mitteleuropa war er fast 2000 Jahre lang eine der wichtigsten Nährstoffquellen breiter Teile der Bevölkerung. Er enthält wie alle Getreidearten jede Menge gesunde Ballaststoffe. Sein bemerkenswerter Eiweißgehalt liegt bei rund 13 bis 14 Prozent – je nach Verarbeitungsart. Auch hochwertige und ungesättigte Fettsäuren und viele Vitamine, Spurenelemente und Mineralien wie Magnesium, Eisen, Phosphor, Kupfer, Zink und Mangan machen den Hafer zu einem wertvollen Nahrungsmittel. Hafer wird vorzugsweise in Form von Haferflocken verwendet. Zum Backen eignet sich Hafer vor allem in Kombination mit anderen Getreiden, da er selbst kein Klebereiweiß enthält. Dadurch ist er allerdings wieder für Glutenallergiker eine gute und gesunde Alternative.

Dinkel

Dinkel ist ein sehr robustes und genügsames Getreide und gedeiht daher auch in klimatisch raueren Gegenden und auf kargen Böden. Er benötigt kaum Düngung und ist daher vor allem in der biologischen Landwirtschaft sehr beliebt. Dinkel wird heute wieder vermehrt in der Schweiz, in Schwaben, im österreichischen Alpenraum und im Waldviertel angebaut. Die Verwendung und der Gesundheitswert von Dinkel haben durch die Verbreitung der Lehren von Hildegard von Bingen, der heilkundigen Äbtissin und ersten weiblichen Ärztin aus dem 12. Jahrhundert, enorm an Bedeutung gewonnen. Dinkel wurde aber wie Einkorn und Emmer durch die Kultivierung von Weichweizen nahezu verdrängt. Erst in den letzten Jahren erfährt er wieder einen Aufschwung. Dinkel ist ein preiswertes Getreide, das ebenfalls mit einem hohen Eiweißanteil aufwarten kann. Dieser liegt bei rund 15 Prozent. Dinkel enthält wertvolle komplexe Kohlenhydrate, jede Menge Ballaststoffe, Vitamine und Spurenelemente, besonders Magnesium. Laut Hildegard von Bingen bereitet er jenen, die ihn regelmäßig essen „rechtes Fleisch und Blut und macht die Sinne froh“. In der Hildegard-Küche ist er daher nicht wegzudenken. Auch die Zusammensetzung seiner Fettsäuren macht den Dinkel zu einem besonders wertvollen Getreide. In der Naturheilkunde wird dem Dinkel auch eine gute Wirkung bei Neurodermitis zugeschrieben.

Emmer

Emmer – oder auch Zweikorn genannt – ist eine alte Weizenart und zählt zu den sogenannten Urgetreiden. Alte Funde im Nahen Osten belegen seine Existenz schon vor rund 9500 Jahren. Er wird heute unter anderem im Alpenraum und vor allem in Italien kultiviert. Die farbenprächtigen

Ähren des zu den Süßgräsern zählenden Getreides kommen in weißen, blauen, roten, braunen oder schwarzen Formen vor und beeindrucken optisch als besondere Schönheit der Natur. Emmer hat einen fein-würzigen Geschmack und eine hohe Quellfähigkeit. Sein Eiweißgehalt liegt bei zwölf bis 14 Prozent, außerdem kann Emmer mit jeder Menge Ballast- und Mineralstoffe wie Zink, Eisen und Kupfer aufwarten. Ein hoher Anteil an essenziellen Aminsoäuren macht ihn seit jeher zu einem besonders wertvollen Lebensmittel. In der vollwertigen Küche wird er wie Dinkel gerne zum Brotbacken, für Aufläufe, Suppen oder Eintöpfe verwendet.

Einkorn

Auch Einkorn zählt zu den Urgetreiden und gehört zu den nährstoffreichsten Getreidearten, die der Mensch jemals kultiviert hat. Einkornfunde sind bis zu 9000 Jahre alt. Da der Ertrag im Gegensatz zu Weizen aber wesentlich geringer ist, verlor der Einkorn über die Jahrhunderte zunehmend an Bedeutung. In jüngster Zeit wird er vor allem wegen seiner besonderen Nährstoffdichte und seines außerordentlich feinen Geschmacks gerade von der gesundheitsbewussten und kulinarisch hochwertigen Küche wieder neu entdeckt. Einkorn hat einen charakteristischen cremig-nussigen

Geschmack. Eine seiner ernährungsphysiologischen Besonderheiten ist ein sehr hoher Anteil an Gelbpigmenten, die eine Vorstufe der Carotinoide darstellen. Diese wirken immunstärkend, krebsvorbeugend und stärken unsere Sehkraft. Sein Eiweißgehalt liegt bei stolzen 19 bis 20 Prozent. Einkornmehl ist besonders für die Herstellung von Palatschinken, Kuchen und Brot geeignet.

Dinkel-, Emmer und Einkornreis

Für die schnelle Küche werden Dinkel, Emmer und Einkorn inzwischen auch als entspelzte bzw. polierte Formen angeboten, die die Kochzeit massiv verringern. Aufläufe, Getreidepfannen, Laibchen, Aufstriche oder schnelle Beilagen können mit diesen leicht verarbeiteten Getreideformen rasch hergestellt werden.

Nüsse und Samen

Eine Reihe von Nüssen und Samen weisen einen enorm hohen Eiweißgehalt und generell eine hohe Nährstoffdichte auf. Viele davon gelten daher als „Superfood" und sollten möglichst oft in Mahlzeiten eingebaut werden. Da in den Samen die geballte Kraft der zukünftigen Pflanze steckt, ist leicht vorstellbar, dass diese auch unseren Organismus mit jeder Menge Kraft und nährenden Stoffen ausstatten kann.

Kürbiskerne

Kürbiskerne haben rund 24 Prozent Eiweiß und 45 Prozent Fett (davon reichlich ungesättigte Fettsäuren), u. a. die wertvolle Linolsäure. Sie enthalten jede Menge Vitamin A, B1, B2, B6, C, D und E sowie eine Menge Carotinoide, die u. a. die Haut vor Sonneneinstrahlung und negativen Umwelteinflüssen schützen können. Die enthaltenen Phytoöstrogene werden gerne gegen Beschwerden in den Wechseljahren zum Einsatz gebracht. Die Inhaltsstoffe der Kürbiskerne wirken einer Prostatavergrößerung entgegen und sollen auch Symptome der Reizblase lindern bzw. diesen vorbeugen.

Sonnenblumenkerne

Sonnenblumenkerne sind die Samen der Sonnenblume, die zur botanischen Familie der Korbblütler zählt. Sie sind ein außerordentlich gesundes Nahrungsmittel, das mit einer erstaunlichen Vielzahl an Inhaltsstoffen aufwarten kann:

Sonnenblumenkerne enthalten über 90 Prozent ungesättigte Fettsäuren, zudem die Vitamine A, B, E, Carotin, Kalzium, Jod, Magnesium und Eisen. Besonders das Öl der hochwertigen Kerne wird in der gesunden Küche gerne verwendet. Sonnenblumenkerne haben einen Eiweißgehalt von rund 22 Prozent. Sie können gerieben, gehackt oder im Ganzen zu süßen wie pikanten Speisen verarbeitet werden und liefern mit ihrem mild-nussigen Geschmack auch kulinarisch eine interessante Note in Cookies, Brot, Gebäck, Kuchen sowie in Aufstrichen, Salaten, Suppen, Eintöpfen und Aufläufen. Um das Aroma der Kerne zu verstärken, werden diese auch häufig ohne Fett in einer Pfanne geröstet. Bei der Lagerung von Sonnenblumenkernen sollten Sie übrigens wie bei vielen Nüssen und Samen darauf achten, dass sie aufgrund des hohen Fettgehalts leicht ranzig werden. Verschließen Sie Nüsse und Kerne daher luftdicht und lagern Sie diese an einem kühlen, dunklen Ort.

Pinienkerne

Pinienkerne enthalten rund 13 Prozent Eiweiß und haben ernährungsphysiologisch auch darüber hinaus viel zu bieten: Sie enthalten u. a. in etwa dieselbe Menge an Lezithin wie Sojabohnen, jede Menge Nikotinamid, welches bei der

Verbesserung von Hauterkrankungen und Alzheimer eine Rolle spielt, sowie besonders gesunde mehrfach ungesättigten Fettsäuren. Pinienkerne sollen sogar die Ausdauer und unser Immunsystem stärken. Kulinarisch sind sie eine besonders schmackhafte Delikatesse, die schnelle und einfache Gerichte im Handumdrehen zum exklusiven Schmankerl machen kann.

Pistazien

Pistazien sind die Steinfrüchte eines Laubbaumes und kulinarisch wie gesundheitlich eine wertvolle Bereicherung. Sie sind eine gute Quelle für Vitamin B6 und von Natur aus reich an einfach un-

gesättigten Fettsäuren. Eine Handvoll Pistazien deckt ungefähr ein Fünftel der täglich empfohlenen Menge an Vitamin B1 und über ein Viertel der empfohlenen Tagesdosis an Vitamin B6. Die schmackhaften Früchte enthalten zudem u. a. Phosphor, Kalium, Kupfer, Vitamin E und Betacarotin. Ihr Eiweißgehalt liegt bei stolzen 20 Prozent.

Hanfsamen

Hanfsamen sind die aromatischen und gesunden Samen des Nutzhanfs. Sie verfügen über jede Menge Antioxidantien, Vitamin E und B. Besonders das wertvolle Vitamin B2 (Riboflavin) ist im Hanf in großen Mengen enthalten. Zudem haben Hanfsamen einen sehr hohen Anteil an hochwertigem Eiweiß, das alle essenziellen Aminosäuren enthält. Der Eiweißgehalt von Hanfsamen liegt bei rund 20 Prozent. Besonders erwähnenswert

ist auch das optimale Verhältnis von Omega-3- zu Omega-6-Fettsäuren. Der Genuss von Hanfsamen beugt somit Herz-Kreislauf-Erkrankungen, chronischen Entzündungen und Nervenleiden vor. Hanfsamen können geschält, ungeschält oder auch geröstet einen interessanten kulinarischen Akzent in Müslis, als Salat-Zugabe und bei Gemüsegerichten darstellen. Kombiniert mit dem herrlich aromatischen Hanfsamenöl machen Hanfsamen jeden Salat und jedes Gemüsegericht zu einer besonderen Delikatesse.

Cashewkerne

Cashewkerne oder Cashewnüsse werden die Früchte des sogenannten Kaschubaumes oder auch Nierenbaumes genannt. Dieser wächst in den Tropen, und seine Kerne oder Nüsse liefern wertvolle und gesundheitsfördernde Inhaltsstoffe

wie u. a. Magnesium, Eisen, Kupfer, Niacin, Folsäure oder Selen. Der Eiweißgehalt von Cashewkernen liegt bei rund 15 Prozent. Zudem sind Cashewkerne ein bemerkenswerter Lieferant von Tryptophan – einem Stoff, der zur Produktion von Serotonin nötig ist, das u.a. gemeinsam mit Vitamin B6 gegen Depressionen helfen kann.

Walnüsse

Eine ganz besonders wertvolle Nuss ist die Walnuss. Als wahre Nährstoffbombe verfügt sie über einen enorm hohen Gehalt an Omega-3-Fettsäuren, die u. a. unserem Herzen sehr zuträglich oder aber auch als Antidepressivum wirksam sind. Neben ihrem hohen Eiweißgehalt enthält

die Nuss Vitamin A, B1, B2, B3, C, E, Zink, Kalium, Magnesium, Phosphor, Eisen, Schwefel und Serotonin, einen Neurotransmitter, der u. a. auch den Appetit zügeln kann. Dieser verblüffende Cocktail kann unserer Gesundheit also in vielerlei Hinsicht einen guten Dienst erweisen. Nicht umsonst sieht sie unserem Gehirn verblüffend ähnlich. Auch aus Sicht der Traditionellen Chinesischen Medizin stärkt sie u. a. die Nierenenergie, Knochen und Gehirn.

Mandeln

Laut aktuellen Studien schützen Mandeln vor Diabetes, Herz-Kreislauf-Erkrankungen, wirken Cholesterin regulierend und stärken unsere Knochen. Sie enthalten wertvolle Mineralstoffe wie Magnesium, Kalzium und Kupfer. Zudem liefern sie ausreichend ungesättigte Fettsäuren sowie große Mengen an Vitamin B und E. Der Eiweißgehalt liegt bei rund 18 Prozent. In der Traditionellen Chinesischen Ernährungslehre werden Mandeln auch gerne eingesetzt, um die Lunge zu stärken.

Mandeln wirken im Organismus zudem basisch – im Gegensatz zu anderen Nüssen wie Hasel- oder Walnüssen. Sie können somit eine basenreiche Kost schmackhaft unterstützen.

Neben geriebenen und gehackten Mandeln sowie Mandelblättchen sind für die Grünes-Eiweiß-Blitzküche auch Mandelmus und Mandelpüree interessant.

Mohn

Mohn wird im deutschsprachigen Raum u. a. im österreichischen Waldviertel angebaut und das bereits seit dem 13. Jahrhundert. Mönche brachten das „graue Gold“ aus dem Mittelmeerraum und kultivierten es u. a. zu Heilzwecken. Mohn enthält rund 42 Prozent Fett. Sein Eiweißgehalt liegt bei rund 20 Prozent. Er enthält wertvolle Inhaltsstoffe wie die Aminosäuren Leucin und Lysin. Für die Kombination mit Getreide und Kartoffeln ist er besonders gut geeignet, weil sich dadurch die biologische Wertigkeit des vorhandenen Eiweißes erhöht. Die aromatischen Samen enthalten reichlich Mineralstoffe wie Eisen, Kalzium, Phosphor, Kalium und Magnesium.

Mohn wird je nach Farbe der Samen in drei Sorten eingeteilt: Der Blaumohn hat ein herbes, intensives Aroma und eignet sich besonders gut für pikante Mohnspeisen. Die Samen des Graumohns sind sehr zart und mild und werden daher gerne für süße Mehlspeisen verwendet. Weißmohn ist eine seltene Sorte, mit einem nussigen Geschmack, der sich vor allem in Desserts und süßen Zubereitungen besonders gut macht.

Sesam

Sesam wächst in den Tropen und Subtropen und kommt ursprünglich aus Afrika und Indien. Er zählt zu den ältesten Ölpflanzen der Welt. Seine Samen sind schwarz, braun oder in geschälter Form auch cremefarben oder weiß. Der feine Geschmack ist süßlich und nussig. In der Traditionellen Chinesischen Medizin wird vor allem auch der schwarze Sesam gerne zum Einsatz gebracht, um unsere Nieren- und Leberenergie zu stärken. Aber auch aus westlicher Sicht hat Sesam viel zu bieten: Folsäure sorgt für ausgeglichene Stimmung, Dimethylglycine regen den Geist an und

lindern Kopfschmerzen, Vitamin B3 nährt unsere Nerven, Vitamin E sorgt für Fruchtbarkeit und bindet freie Radikale und ein hoher Kalziumgehalt wirkt sich positiv auf Zähne und Knochen aus. Sesam hat einen Eiweißgehalt von rund 17 Prozent. Der ölhaltige Samen wird gerne zu Sesamöl verarbeitet, das einen ganz besonderen kulinarischen Wert darstellt. Die zerstoßenen Samen lassen sich in einer kreativen Küche auch sehr gut zum Würzen von Salaten und Gemüse verwenden. Die im türkischen Lebensmittelhandel erhältliche Sesampaste „Tahini“ ist für Saucen, Suppen und Aufstriche gut geeignet.

Chiasamen

Die aus Südamerika stammenden Vitalstoffbomben standen schon bei den Azteken zu Recht hoch im Kurs. Chiasamen können um das 12-fache ihres Eigengewichts aufquellen, sie binden Feuchtigkeit und Elektrolyte und werden daher von Athleten, Reisenden und Abnehmwilligen gerne genutzt. Die Quellfähigkeit der Samen macht man sich in der grünen Eiweißküche zu nutzen, indem man damit Puddings, Cremen und Gelees herstellt oder Saucen damit bindet. Neben 16 Prozent hochwertigem Eiweiß enthalten die Samen Omega-3-Fettsäuren, jede Menge Kalium, Phosphor, Selen und Magnesium. Magen und Darm lieben Chiasamen, die gerne für glutenfreie Gerichte verwendet werden. Praktischerweise kann Chia außerdem jahrelang gelagert werden, ohne ranzig zu werden, an Geschmack zu verlieren oder Nährstoffe einzubüßen.

Algen

Einen wirklich bemerkenswerten Eiweißgehalt können Algen aufweisen. Er liegt je nach Art bei bis zu mehr als 60 Prozent. Verschiedene Algen (wie Braunalgen, Rotalgen, Grünalgen, Blaualgen ...) werden vor allem in der asiatischen Küche gerne verwendet. Zu den wohl berühmtesten und klassischen Algengerichten zählen japanische Maki, die aus Fisch oder Gemüse mit Reis und Nori-Algen-Blättern gemacht werden und in jedem japanischen Sushi-Lokal allgegenwärtig sind.

Das Meeresgemüse enthält jede Menge Spurenelemente und Mineralstoffe sowie Beta-Carotin und ungesättigte Fettsäuren.

Algen sind in Asialäden, Reformhäusern und Bioläden erhältlich. Den Produkten aus Bioläden und Reformhäusern gebe ich persönlich beim Einkauf gerne den Vorzug. Verkochen können Sie Algen in Suppen, Salaten und gedämpft oder frisch als Gemüse. In getrockneter und gemahlener Form können Algen auch als Würzmittel zum Einsatz kommen.

Allgemeine Tipps für eine gesunde Küche

Regional, saisonal, frisch und biologisch

Verwenden Sie so weit wie möglich regionale und saisonale Produkte. Vor allem frisches Obst und Gemüse sollten aus der Region kommen und möglichst reif geerntet sein. Lange Lagerzeiten vermindern bei Frischware den Vitamin- und Nährstoffgehalt erheblich.

Meiden Sie möglichst Fertigware, Dosen und konservierte Lebensmittel. Wenn es dennoch mal schnell gehen muss, greifen Sie lieber auf Ware im Glas zurück. Frische Kräuter sind getrockneten oder gefrorenen vorzuziehen.

Wer zu Lebensmitteln aus kontrolliert biologischem Anbau greift, schont Boden und Umwelt und tut seiner Gesundheit Gutes. Chemische Düngemittel, Pestizide, Spritzmittel und gentechnisch veränderte Nahrungsmittel machen uns langfristig zu schaffen.

Mit Liebe kochen und in Ruhe essen

„Widme dich der Liebe und dem Kochen mit ganzem Herzen" – diese Aufforderung des Dalai Lama ist zu einem wichtigen Credo in meiner Küche geworden. Denn Essen ist mehr als Nahrungsaufnahme. Wer mit Groll und im Streit eine Mahlzeit zubereitet, der wird diese Energie später an seine Gäste weitergeben. Wenn wir hingegen mit Liebe und Aufmerksamkeit Essen zubereiten, können wir weit mehr als nur gesunde Nährstoffe weitergeben bzw. zu uns nehmen.

Lassen Sie sich Zeit beim Essen! Oft essen wir unter Stress, neben dem Fernseher, hektisch und unaufmerksam. Dies tut unserer Verdauung, unserem Stoffwechsel und unseren Nerven ganz und gar nicht gut. Wer sich Zeit zum Essen nimmt und seine Mahlzeit auch ausreichend kaut, ist schneller satt und sorgt dafür, dass die zugeführte Energie auch gut verwertet werden kann.

Experimentieren und genießen

Wesentlich erscheint mir zuletzt in diesem Zusammenhang auch noch, darauf aufmerksam zu machen, dass Essen vor allem einmal gut schmecken muss. Gerade gesundheitsbewusste Menschen neigen manchmal dazu, sich selbst zu kasteien und aus Vernunft bestimmte Dinge zu essen – auch wenn sie ihnen vielleicht gar nicht schmecken. Daher plädiere ich dafür, keinesfalls Dinge zu essen, die Ihnen nicht schmecken.

Die Auswahl an möglichen Gerichten – auch und vor allem in der fleischlosen Küche und beim Thema „grünes Eiweiß" – ist groß. Finden Sie heraus, was Ihnen gut schmeckt, und nehmen Sie sich Zeit zum Experimentieren. Lassen Sie jene Dinge weg, zu denen sie sich überwinden müssten oder die einfach nicht Ihren Geschmack treffen. Geschmäcker sind bekanntlich verschieden, und häufig ist unser Körper klüger als unser Hirn.

In diesem Sinne wünsche ich Ihnen lustvolles Kochen und Essen und hoffe, dass Sie schon bald jede Menge „grünes Eiweiß" zu Ihren Lieblingsspeisen zählen.

Vorspeisen und Snacks

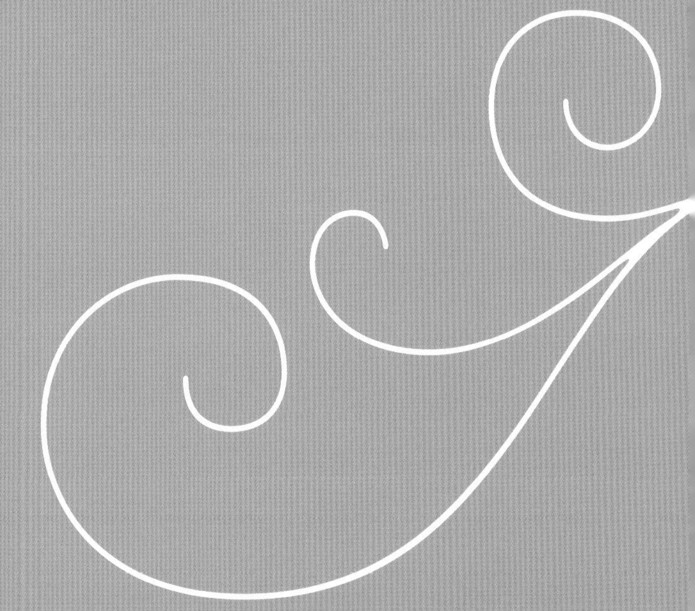

VEGAN · LAKTOSEFREI · GLUTENFREI (ohne Brot)

Scharfe Paprika-Mandel-Creme

FÜR 4 PORTIONEN

4 rote Paprika
3–4 Handvoll gemahlene Mandeln
Olivenöl extra vergine
etwas Harissa oder Chili, gehackt
Salz

Paprika waschen, Strunk und Kerne entfernen. Mit den Mandeln und 1 Schuss Olivenöl zu einer sämigen Paste mixen oder mörsern. Mit Harissa oder gehacktem Chili und Salz abschmecken.

Als Dip, Brotaufstrich, Sugo, Pesto oder Dressing-Bestandteil genießen.

INFO:
Harissa ist eine scharfe arabische Gewürzpaste aus Chilis, Kreuzkümmel, Koriander, Knoblauch und Salz und in der nordafrikanischen Küche besonders beliebt.

VEGAN LAKTOSEFREI GLUTENFREI

Zitronige Lauch-Champignons mit gerösteten Pinienkernen

FÜR 4 PORTIONEN

1 kg Champignons
1 kleiner Lauch
Olivenöl extra vergine
Saft und Abrieb einer Bio-Zitrone
Salz
bunter Pfeffer
2 Handvoll Pinienkerne

Champignons säubern und in Scheiben schneiden. Lauch waschen und in feine Ringe schneiden. Champignons in Olivenöl braten. Pilze mit dem Lauch vermengen und mit Zitronenzesten, Zitronensaft, Salz und Pfeffer aromatisieren.

Pinienkerne in einer Pfanne ohne Fett trocken rösten, bis sie duften. Die gerösteten Kerne über die Champignons streuen. Als Vorspeise oder Beilage genießen!

VEGAN LAKTOSEFREI GLUTENFREI

Rote-Rüben-Carpaccio auf georgische Art

FÜR 4 PORTIONEN

2 Rote Rüben (Rote Bete)
1 Handvoll Walnüsse, ausgelöst

Für das Dressing:
2 Zweige Petersilie
2 Zweige Dill
2 Zweige rotes Basilikum
2 Zweige Koriander
1 Jungzwiebel
Rotweinessig
Olivenöl extra vergine
Salz und Pfeffer

Rote Rüben im Rohr bei 180 °C 1 Stunde backen. Anschließend schälen und mit der Küchenmaschine in sehr dünne Scheiben schneiden.

Für die Marinade Kräuter und Jungzwiebel mit Essig und Öl in der Küchenmaschine zu einem flüssigen Dressing zerkleinern und mit Salz und Pfeffer abschmecken.

Walnüsse klein hacken und in der Pfanne trocken rösten, bis sie duften.

Rote Rüben mit dem Dressing marinieren und etwas durchziehen lassen. Auf einer Anrichteplatte auflegen und mit den gerösteten Walnüssen bestreuen.

VEGETARISCH · LAKTOSEFREI · GLUTENFREI

Christines Erntedankfest-Carpaccio

FÜR 4 PORTIONEN

2 Zucchini
Himbeeressig
2 EL Pinienkerne
Olivenöl extra vergine
Salz
1 Handvoll Parmesanspäne

Zucchini mit dem Allesschneider in hauchdünne Scheiben schneiden. Mit Himbeeressig bepinseln und mindestens 1 Stunde durchziehen lassen.

Pinienkerne klein hacken und in einer Pfanne trocken rösten, bis sie duften.

Die marinierten Zucchinischeiben mit Olivenöl einpinseln, salzen und auf einer Anrichteplatte auflegen. Mit den gerösteten Pinienkernen und gehobeltem Parmesan bestreuen und servieren.

INFO:
Gemüse-Carpaccios können saisonal und nach Geschmack mit einer Vielfalt an Gemüsen, Nüssen und Marinaden zubereitet werden. Abwandlungen dieses Klassikers meiner Mentorin Christine sind auch auf Seite 39 und 42 zu finden.

VEGAN LAKTOSEFREI GLUTENFREI

Kohlrabi-Carpaccio

FÜR 4 PORTIONEN

2 Kohlrabi
2 EL blanchierte Mandeln
1 Bio-Zitrone
Salz
Pfeffer aus der Mühle
fruchtiges Olivenöl extra vergine

Kohlrabi schälen und mit dem Allesschneider in hauchdünne Scheiben schneiden. Mandeln fein hacken und in der Pfanne rösten, bis sie braun sind und duften.

Die hauchdünn aufgeschnittenen Kohlrabischeiben mit Saft und Schalenabrieb einer Bio-Zitrone marinieren und etwas durchziehen lassen. Kurz vor dem Anrichten mit Salz, Pfeffer und fruchtigem, hochwertigem Olivenöl aromatisieren und mit den gerösteten Mandeln bestreuen.

VEGAN LAKTOSEFREI GLUTENFREI

Kokos-Seitlinge mit Walnüssen

FÜR 4 PORTIONEN

10 Kräuterseitlinge
(oder andere Pilze)
4 EL hochwertiges Kokosöl
1 Limette
4 Zweige Zitronenthymian
1 Handvoll Walnüsse
Salz
bunter Pfeffer

Seitlinge in dünne Scheiben schneiden und in heißem Kokosöl knusprig braten. Auf einer Platte auflegen und mit Limettensaft und abgerebeltem Zitronenthymian marinieren.

Walnüsse hacken und in einer Pfanne ohne Fett trocken rösten. Pilze mit Salz und buntem Pfeffer würzen und mit den gerösteten Nüssen bestreut als Vorspeise servieren.

INFO:
Dieses Gericht ist vor allem eine Wohltat für unser Hirn: Hochwertiges Kokosöl gilt als schmackhafte Alzheimer-Prophylaxe und Walnüsse sehen nicht zufällig dem menschlichen Gehirn so ähnlich.

VEGAN · LAKTOSEFREI · GLUTENFREI (ohne Brot)

Griechischer Saubohnenaufstrich

FÜR 4 PORTIONEN

250 g getrocknete Saubohnen
1 Zwiebel
⅛ l Olivenöl
1 Zitrone
Salz
Pfeffer aus der Mühle
1 Bund Petersilie

Bohnen über Nacht einweichen und in frischem Wasser aufkochen. Zwiebel schälen und grob zerkleinern. Bohnen mit Zwiebel rund eine Stunde kochen, bis sie weich sind. Abseihen und mit der Hälfte des Olivenöls zu einer cremigen Paste zerkleinern. Mit Salz und Pfeffer abschmecken, mit gehackter Petersilie bestreuen und dem restlichen Olivenöl beträufeln.

Als Vorspeise servieren.

TIPP:
Für die schnelle Variante vorgekochte Bohnen aus dem Glas oder der Dose verwenden, und die Zwiebeln in Öl anbraten.

VEGAN · LAKTOSEFREI · GLUTENFREI (ohne Brot)

Avocado-Nuss-Aufstrich

FÜR 4 PORTIONEN

60 g Cashewkerne
2 Avocados
1 Knoblauchzehe
½ TL getrocknete Chiliflocken
1 Limette
Salz

Cashewkerne mit den geschälten Avocados und geschältem Knoblauch im Mörser oder in der Küchenmaschine zu einer Paste zerkleinern. Den Aufstrich mit Chiliflocken, Limettensaft und Salz abschmecken.

Als Aufstrich oder Dip-Sauce zur Rohkost oder zu Gegrilltem servieren.

TIPP:
Avocadogerichte sollten Sie stets frisch zubereiten. Das Fleisch der Avocado oxidiert recht schnell und wird dann unansehnlich und braun. Wird es beim Verarbeiten rasch mit Limette oder Zitrone beträufelt, kann das ein Oxidieren verhindern!

VEGAN LAKTOSEFREI GLUTENFREI (mit Tamari und ohne Brot)

Pilzaufstrich

FÜR 4 PORTIONEN

400 g Shitakepilze
(alternativ: Champignons)
1 Zwiebel
1 Knoblauchzehe
1 Schuss Olivenöl extra vergine
100 g Sonnenblumenkerne
2 EL Mandelmus
2 EL Tamari oder Sojasauce
1 Bio-Zitrone
1 Zweig frischer Thymian
Salz
Pfeffer

Pilze putzen und in Stücke schneiden. Zwiebel und Knoblauch schälen, hacken und in Olivenöl anbraten. Pilze beifügen und gut durchrösten. In der Küchen maschine oder mit dem Stabmixer mit den Sonnenblumenkernen und dem Mandelmus zu einer sämigen Paste zerkleinern. Mit Tamari, etwas Abrieb und Saft einer Zitrone, Thymian, Salz und Pfeffer abschmecken.

In gut gereinigte Gläser füllen und im Kühlschrank durchziehen lassen.

TIPP:
Der Aufstrich hält im Kühlschrank rund 4–5 Tage und lässt sich auch einfrieren.

VEGAN LAKTOSEFREI GLUTENFREI (ohne Brot)

Zitronige Artischockencreme

FÜR 4 PORTIONEN

1 Knoblauchzehe
200 g Bio-Artischockenherzen
aus dem Glas
20 g Pinienkerne
20 g blanchierte Mandeln
1 Schuss Olivenöl extra vergine
1 Bio-Zitrone
Salz
schwarzer Pfeffer aus der Mühle
10 g Sesamsamen

Knoblauch schälen. Artischocken grob schneiden. Pinienkerne, Mandeln, Artischocken und Knoblauch mit einem Schuss hochwertigem Olivenöl in der Küchenmaschine oder mit dem Stabmixer zu einer cremigen Paste zerkleinern. Mit etwas Saft und dem Schalenabrieb einer Bio-Zitrone, Salz und kräftig schwarzem Pfeffer aus der Mühle abschmecken und mit Sesamsamen bestreuen.

Die Artischockencreme mit Reis-Crackern, Mais-Chips, Vollkorn-Grissini oder als Brotaufstrich genießen.

TIPP:
Passt auch gut zu gegrilltem Fisch!

VEGAN LAKTOSEFREI GLUTENFREI

Grünes Eiweiß-Studentenfutter

FÜR 4 PORTIONEN

100 g Walnüsse
100 g Mandeln
100 g Sonnenblumenkerne
100 g Rosinen
100 g Gojibeeren

Alle Zutaten in einem kleinen Plastikbeutel oder in einem Marmeladeglas vermischen.

TIPP:
Dieses Studentenfutter bringt rasche Energie für die Pause oder nach dem Workout. Auch Kinder lieben diesen Vitalsnack.

VEGAN (ohne Mayonnaise) LAKTOSEFREI

Räuchertofu-Urkorn-Burger

FÜR 4 PORTIONEN

4 Urkorn-Weckerl (Brötchen), z. B. aus Dinkel, Emmer, Kamut oder Einkorn
250 g Räuchertofu
etwas Olivenöl
2 Frühlingszwiebeln
1 Tomate
150 g frische Sprossen (Sojasprossen, Kresse etc.)
Salz
Pfeffer aus der Mühle
4 Salatblätter
Bio-Ketchup oder Bio-Mayonnaise

Die Weckerl halbieren.

Tofu in dünne Scheiben schneiden und in einer Grillpfanne in etwas Olivenöl kurz anbräunen. Frühlingzwiebeln waschen und schräg in Ringe schneiden. Tomate waschen und in Scheiben schneiden. Sprossen waschen.

Die Weckerlhälften kurz antoasten und anschließend mit Salat, Gemüse und Räuchertofuscheiben belegen. Mit Salz und Pfeffer würzen und nach Geschmack mit Bio-Ketchup oder -Mayonnaise überziehen. Den Weckerl-Deckel aufsetzen und den Burger mit gutem Gewissen verzehren.

VEGAN LAKTOSEFREI GLUTENFREI

Gepoppter Amarant

FÜR 4 PORTIONEN

16 EL Amarant
Olivenöl extra vergine

Einen Topf am Herd erhitzen, 1 Schuss Olivenöl hineingeben, 2-3 EL Amarant beifügen und bei mittlerer Hitze poppen lassen. Den Topf immer wieder etwas bewegen. Sobald sie fertig sind, die gepoppten Körner aus dem Topf nehmen und die nächste Partie poppen lassen. Achten Sie darauf, dass der Topf nicht zu heiß wird!

Im Müsli, Sojajoghurt oder einfach als Knabberei genießen!

TIPP:
Amarant selbst zu poppen, braucht ein wenig Übung, damit nichts verbrennt. Wem das zu mühsam ist, der greift auf fertig gepoppten Amarant aus dem Bio-Supermarkt zurück. Auch Quinoa gibt es übrigens bereits fertig gepoppt im Bio-Handel zu kaufen.

VEGAN LAKTOSEFREI GLUTENFREI (ohne Brot)

Tofu-Kürbiskern-Aufstrich

FÜR 4 PORTIONEN

2 Knoblauchzehen
4 EL Kürbiskerne
200 g Tofu
2 EL steirisches Kürbiskernöl
Saft und Schalenabrieb von 1 Bio-Zitrone
3 EL Mandelmus
Salz
Pfeffer aus der Mühle

Knoblauch schälen und grob hacken. Kürbiskerne in einer Pfanne ohne Fett kurz trocken anrösten, bis sie durften. Die Hälfte der Kerne grob hacken und beiseitestellen. Nun alle restlichen Zutaten mit dem Stabmixer zu einer cremigen Masse zerkleinern.

Den Aufstrich mit den gehackten Kürbiskernen bestreuen und mit knusprigem Dinkel-, Emmer- oder Einkornbrot servieren!

Imbisse, Salate und Suppen

VEGAN LAKTOSEFREI GLUTENFREI

Saurer Räuchertofu mit Kernöl

FÜR 4 PORTIONEN

500 g Räuchertofu
2 rote Zwiebeln
1 Handvoll Kürbiskerne
1 Schuss steirisches Kürbiskernöl
1 Schuss Apfelessig
Salz
Pfeffer aus der Mühle

Räuchertofu in mundgerechte Stücke schneiden. Zwiebeln schälen und in feine Würfelchen schneiden. Kürbiskerne grob hacken und in einer Pfanne trocken rösten, bis sie duften.

Zwiebeln mit den Tofustücken vermengen und mit Kürbiskernöl und Apfelessig marinieren. Mit Salz und Pfeffer würzen und mit den gerösteten Kürbiskernen bestreut servieren.

VEGAN LAKTOSEFREI GLUTENFREI

Chia-Linsen-Topf mit Sonnenblumenkernen

FÜR 4 PORTIONEN

2 rote Zwiebeln
8 Knoblauchzehen
2 cm Ingwer
4 EL Kokosöl
200 g Berglinsen
200 g rote Linsen
120 g Sonnenblumenkerne
2 EL Chiasamen
8 EL Currypulver
1–1,5 l heißes Wasser
oder Gemüsesuppe
1 Bio-Zitrone
Salz
Pfeffer aus der Mühle

Zwiebeln, Knoblauch und Ingwer schälen, fein hacken und in Kokosöl anrösten. Linsen, Sonnenblumenkerne und Chiasamen beifügen. Curry unterrühren und kurz mitrösten. Mit Suppe oder heißem Wasser aufgießen. Einmal aufkochen lassen, Hitze reduzieren und 35 Minuten bei kleiner Flamme weich kochen. Mit Saft und Abrieb einer Bio-Zitrone, Salz und Pfeffer abschmecken.

Je nach Flüssigkeitszufuhr als Eintopf oder Suppe servieren.

VEGAN LAKTOSEFREI GLUTENFREI

Sommerlicher Kichererbsensalat

FÜR 4 PORTIONEN

1 weiße Zwiebel
4 sonnengereifte Tomaten
2 Zweige frischer Koriander
500 g gekochte Kichererbsen
Olivenöl extra vergine
weißer Balsamico-Essig
Salz
Pfeffer aus der Mühle
einige Salatblätter

Zwiebel schälen und fein hacken. Tomaten waschen und vom Strunk befreien. Koriander waschen und fein hacken. Kichererbsen mit Zwiebel, Tomaten und Koriander vermischen und mit Olivenöl, Essig, Salz und Pfeffer abschmecken.

Salatblätter auf Tellern anrichten, Kichererbsensalat darauf verteilen.

TIPP:
Statt Koriandergrün scheckt auch Liebstöckel in diesem Salat.

VEGAN LAKTOSEFREI GLUTENFREI

Weiße Riesenbohnen mit würzigem Bohnenkraut

FÜR 4 PORTIONEN

1 große rote Zwiebel
2 Zweige frisches Bohnenkraut (alternativ: 1 EL getrocknetes Bohnenkraut)
400 g gekochte weiße Riesenbohnen
1 Schuss Balsamico-Essig
1 Schuss Kürbiskernöl
Salz
Pfeffer aus der Mühle

Zwiebel schälen und in Ringe schneiden. Bohnenkraut abrebeln. Bohnen, Zwiebel und Bohnenkraut vermengen. Mit Balsamico, Kürbiskernöl, Salz und Pfeffer abschmecken.

Schmeckt als Salat oder als sättigender, kalter Snack zu Mittag.

VEGAN LAKTOSEFREI GLUTENFREI

Chinakohlsalat mit gerösteten Hanfsamen

FÜR 4 PORTIONEN

1 Chinakohl
1 rote Zwiebel
1 Handvoll ungeschälte Hanfsamen (im Reformhaus oder Bioladen erhältlich)
1 Schuss Hanfsamenöl
1 Schuss Apfelessig
Salz
weißer Pfeffer

Chinakohl waschen und feinnudelig schneiden. Zwiebel schälen und fein schneiden. Hanfsamen in einer Pfanne ohne Öl trocken rösten, bis sie duften.

Das geschnittene Gemüse in einer Salatschüssel vermischen und aus Hanfsamenöl, Apfelessig, Salz und Pfeffer ein Dressing zubereiten. Über den Salat gießen und kräftig durchmischen.

Mit den gerösteten Hanfsamen bestreut servieren.

TIPP:
Passt auch gut zu deftigeren Gerichten und Hausmannskost!

INFO:
Hanfsamen beinhalten viele Vitalstoffe und können ein optimales Verhältnis zwischen Omega-3- und Omega-6-Fettsäure aufweisen.

VEGAN · LAKTOSEFREI · GLUTENFREI

Herbstlicher Pilzsalat mit Walnüssen

FÜR 4 PORTIONEN

1 Endiviensalat
1 kleiner Rotkraut-Kopf
1 Bund Frühlingszwiebeln
2 Knoblauchzehen
100 g ausgelöste Walnüsse
500 g gemischte Waldpilze, z. B. Pfifferlinge (Eierschwammerl), Steinpilze, Maronen-Röhrlinge – ersatzweise auch Zuchtpilze wie Champignons, Shitake- oder Austernpilze etc.
Olivenöl extra vergine
Salz
Pfeffer aus der Mühle
Walnussöl
Himbeeressig

Endiviensalat waschen, Strunk entfernen und in feine, mundgerechte Streifen schneiden. Rotkraut von den äußeren Blättern befreien und mit dem Kraut- oder Gemüsehobel feinnudelig schneiden.

Frühlingszwiebeln waschen, Enden abschneiden und in schräge Ringe schneiden. Knoblauchzehen schälen und fein hacken.

Walnüsse grob hacken und in einer Pfanne ohne Fett trocken rösten.

Pilze putzen, je nach Größe in kleinere mundgerechte Stücke zerkleinern und in etwas Olivenöl anbraten. Gegen Ende der Garzeit den Knoblauch dazugeben und kurz mitbraten lassen.
Anschließend mit Salz und Pfeffer abschmecken.

Endiviensalat mit Rotkraut und Frühlingszwiebeln vermengen und mit Walnussöl und Himbeeressig marinieren. Mit Salz und Pfeffer abschmecken. Den Salat auf große Suppenteller aufteilen, die gebratenen Pilze darauf platzieren und mit den gerösteten Nüssen bestreut servieren.

VEGAN LAKTOSEFREI GLUTENFREI

Pikanter Mungbohnensalat

FÜR 4 PORTIONEN

400 g Mungbohnen
500 g Karotten
1 Bund Jungzwiebeln
gemahlener Kreuzkümmel
2 cm Ingwerknolle
Pfeffer
Salz
½ TL getrocknete Chiliflocken
Sesamöl
Zitronensaft

Mungbohnen über Nacht einweichen und am nächsten Tag in frischem Wasser weich kochen. Karotten schälen, in kleine Würfelchen schneiden und weich dämpfen. Jungzwiebeln waschen, Enden entfernen und in schräge Ringe schneiden.

Mungbohnen mit gekochten Karotten und Jungzwiebeln vermengen. Mit Kreuzkümmel, geriebenem Ingwer, Pfeffer, Salz, Chiliflocken, Sesamöl und Zitronensaft marinieren und etwas durchziehen lassen.

Als Beilage, Zwischenmahlzeit oder Jause servieren.

VEGAN · LAKTOSEFREI · GLUTENFREI

Bunter Kernesalat

FÜR 4 PORTIONEN

1 Rotkraut-Kopf
2 kleine Zucchini
4 Schalotten
Salz
Pfeffer aus der Mühle
Olivenöl extra vergine
2 Bio-Zitronen
50 g Sonnenblumenkerne
50 g grüne Pistazien
50 g Pinienkerne

Die äußeren Blätter des Rotkrauts sowie den Strunk entfernen, dann das Kraut feinnudelig schneiden oder hacheln. Zucchini vom Stielansatz befreien und in kleine Würfelchen schneiden. Schalotten schälen und fein hacken. Das Gemüse vermengen und mit Salz, Pfeffer, Olivenöl und etwas Zitronensaft marinieren. Kurz durchziehen lassen.

Kerne in einer Pfanne ohne Fett trocken rösten, bis sie duften, und über den Salat streuen.

VEGAN LAKTOSEFREI GLUTENFREI

Karotten-Sesam-Suppe

FÜR 4 PORTIONEN

2 Zwiebeln
800 g Karotten
Olivenöl extra vergine
4 TL gemahlene Koriandersamen
1 TL Piment
4 TL Currypulver süß
1,4 l Gemüsesuppe oder Wasser
6 EL Sesampaste – auch Tahini genannt (erhältlich im Reformhaus, Bioladen oder im türkischen Lebensmittelgeschäft)
1 Bio-Orange
1 Spritzer vegane Worcestershire-Sauce
Salz
Pfeffer
brauner Sesam zum Bestreuen

Zwiebeln schälen und klein schneiden. Karotten bürsten, Kraut und Strunk entfernen. Karotten klein schneiden. Zwiebeln in Olivenöl anschwitzen, Karotten beifügen. Die Gewürze kurz mitbraten. Mit Gemüsesuppe aufgießen und weich kochen lassen.

Die Suppe mit dem Stabmixer pürieren. Sesampaste, Saft und etwas Abrieb einer Bio-Orange sowie Worcestershire-Sauce beifügen und mit Salz und Pfeffer abschmecken.

Auf Suppenschalen aufteilen und mit braunem Sesam bestreut servieren.

TIPP:
Je kleiner Sie die Karotten schneiden, desto schneller sind sie gar!

VEGAN · LAKTOSEFREI · GLUTENFREI

Quinoa-Petersilien-Suppe

FÜR 4 PORTIONEN

1 Zwiebel
2 mittelgroße Petersilienwurzeln
1 Bund Petersilie
1 Schuss Olivenöl extra vergine
80 g Quinoa
800 ml Gemüsesuppe
Salz
Pfeffer aus der Mühle

Zwiebel und Petersilienwurzeln schälen und in kleine Stücke schneiden. Petersilie waschen und abzupfen. Zwiebel und Petersilienwurzeln in einem Topf in etwas Olivenöl anrösten.

Quinoa mit heißem Wasser waschen, in den Topf dazugeben und mit Suppe aufgießen. Alles weich kochen. Kurz vor Ende der Garzeit das Petersiliengrün beifügen und die Suppe mit dem Pürierstab cremig mixen.

Mit Salz und Pfeffer abschmecken und heiß servieren.

VEGAN · LAKTOSEFREI · GLUTENFREI

Scharfes Linsen-Algen-Süppchen mit Zucchini

FÜR 4 PORTIONEN

1 Zwiebel
1 Knoblauchzehe
1 Zucchino
1 scharfer frischer Pfefferoni
1 Schuss Pflanzenöl
800 ml Wasser oder Gemüsesuppe
800 g vorgegarte braune Linsen (z. B. aus dem Glas)
2 EL Wakame-Algen
2 EL Misopaste
1 Limette

Zwiebel und Knoblauch schälen und fein hacken. Zucchino waschen und in kleine Würfelchen schneiden. Pfefferoni von Stiel und Kernen befreien und in dünne Ringe schneiden.

Gemüse in etwas heißem Öl kurz anschwitzen und mit Wasser oder Suppe aufgießen. Linsen dazugeben und alles weich kochen. Kurz vor Ende der Garzeit die Algen beifügen. Sobald diese mit Flüssigkeit vollgesogen sind, den Topf vom Herd nehmen. Misopaste einrühren, alles gut durchrühren und mit einem Schuss Limettensaft abschmecken.

VEGAN · LAKTOSEFREI · GLUTENFREI

Schnelle Minestrone

FÜR 4 PORTIONEN

1 Zwiebel
2 Knoblauchzehen
½ Stangensellerie
4 Karotten
3 Tomaten
Olivenöl extra vergine
1 l Wasser oder Gemüsesuppe
2 Lorbeerblätter
etwas getrockneter Oregano
etwas getrocknetes Basilikum
1 kleine Packung Tiefkühl-Erbsen
1 Glas oder 1 Dose
große, weiße Bohnen
Salz
Pfeffer aus der Mühle

Zwiebel und Knoblauch schälen und fein hacken. Stangensellerie waschen, Enden abschneiden. Karotten schälen und ebenfalls die Enden entfernen. Tomaten waschen, Stielansatz und Kerne entfernen. Gemüse in kleine Stücke schneiden.

Zwiebel und Knoblauch kurz in Olivenöl anrösten, Stangensellerie und Karottenstücke beifügen, kurz mitrösten und mit Gemüsesuppe oder Wasser aufgießen. Tomatenstücke und Gewürze beifügen und alles weich kochen. Gegen Ende der Garzeit Erbsen und gekochte Bohnen beifügen.

Mit Salz, Pfeffer und Olivenöl abschmecken und heiß servieren.

VEGAN LAKTOSEFREI GLUTENFREI

Rote-Linsen-Curry-Suppe

FÜR 4 PORTIONEN

150 g rote Linsen
2 Knoblauchzehen
4 Schalotten
2 TL geriebener Ingwer
Kokosöl
4 TL süßes Currypulver
1,5 l Gemüsesuppe
Salz
Pfeffer aus der Mühle
1 Zitrone

Linsen waschen. Knoblauch, Schalotten und Ingwer schälen, klein schneiden und in etwas Kokosöl anrösten. Linsen beifügen, mit Currypulver würzen. Kurz rösten und mit Gemüsesuppe aufgießen. Rund 30 Minuten auf kleiner Flamme kochen, bis die Linsen weich und sämig sind.

Mit Salz, Pfeffer und etwas Zitronensaft abschmecken. Heiß servieren.

VEGAN · LAKTOSEFREI · GLUTENFREI

Sellerie-Walnusscreme-Süppchen

FÜR 4 PORTIONEN

1 Sellerieknolle
1 Zwiebel
10 Stück Walnüsse
Sonnenblumenöl
¾ l Gemüsesuppe
1 Prise Muskatnuss
1 Bio-Zitrone
Meersalz
Pfeffer aus der Mühle
1 Schuss vegane Worcestershire-Sauce
1 Schuss Amaretto

Sellerieknolle und Zwiebel schälen und in kleine Stücke schneiden. Walnüsse aus der Schale lösen und ohne Öl in der Pfanne trocken rösten, bis sie duften. Ein paar Walnüsse grob hacken, den Großteil reiben.

Öl im Topf erhitzen und Zwiebel anrösten. Sellerie und geriebene Walnüsse beifügen, durchrösten und mit Suppe aufgießen, 30 Minuten weich kochen und pürieren. Mit Muskat, etwas Abrieb und Saft einer Bio-Zitrone, Meersalz, Pfeffer, Worcestershire-Sauce und Amaretto aromatisieren.

Die heiße Suppe auf Schalen verteilen und mit gehackten Walnüssen bestreut servieren.

ACHTUNG:
Wenn Kinder mitessen, den Amaretto weglassen!

Hauptspeisen und Beilagen

VEGETARISCH · LAKTOSEFREI · GLUTENFREI

Räuchertofu-Eierspeise Thai-Style

FÜR 4 PORTIONEN

1 rote Zwiebel
3 Knoblauchzehen
1 Bund Koriander mit Wurzeln (im Asialaden erhältlich)
Erdnussöl
250 g Räuchertofu
8 Eier
1 Chili
1 Handvoll Cashewkerne
Salz
Pfeffer

Zwiebel und Knoblauch schälen. Knoblauch fein hacken, Zwiebel in Streifen schneiden. Korianderwurzel hacken. Zwiebel, Knoblauch und Korianderwurzel in Erdnussöl anbraten.

Räuchertofu in Würfel schneiden und beifügen. Etwas anrösten, Eier verquirlen und beifügen. Alles durchrühren und braten, bis die Eier stocken.

Chili von Stiel und Kernen befreien und fein hacken. Koriandergrün hacken. Chili und Koriander unter die Eierspeise rühren. Cashewkerne etwas zerkleinern und in einer Pfanne ohne Fett trocken anrösten.

Die Eierspeise mit Salz und Pfeffer würzen und die gerösteten Cashewkerne darüberstreuen.

VEGAN (mit Rohrzucker)
LAKTOSEFREI GLUTENFREI (mit Tamari)

Grüner Eiweiß-Gemüse-Wok

FÜR 4 PORTIONEN

1 mittelgroßer Zucchino
½ Stangensellerie
4 Knoblauchzehen
1 Bund Frühlingszwiebeln
200 g Räuchertofu
2 EL Erdnussöl
100 g Cashewkerne
100 g gekochte weiße Bohnen aus Glas oder Dose
40 g Gojibeeren
2 EL Sesamöl
3 EL Sojasauce oder Tamari
2 EL Honig oder Rohrzucker
einige getrocknete Chilis

Gemüse säubern und klein schneiden. Knoblauch schälen und fein hacken. Frühlingszwiebeln waschen und in Ringe schneiden. Räuchertofu in kleine Würfel schneiden.

Die Hälfte der Frühlingszwiebeln, Knoblauch, Gemüse und Tofu in heißem Erdnussöl im Wok rasch anbraten. Cashewkerne, Bohnen und Gojibeeren beifügen. Alles durchrösten und mit Sesamöl, Sojasauce, Honig oder Rohrzucker und Chili aus der Mühle abschmecken.

Mit den restlichen Frühlingszwiebeln dekorieren und servieren.

INFO:
Gojibeeren, auch Wolfsbeeren oder Bocksdornfrüchte genannt, werden in der Traditionellen Chinesischen Medizin gerne bei Blutarmut eingesetzt und gelten – regelmäßig verzehrt – als Elixier für ein langes und gesundes Leben. Die beliebte Wunderbeere gedeiht auch in unseren Breiten und gilt als eine der gesündesten Früchte der Welt. In pikanten Gerichten kann die leicht bitter-saure Frucht spannende kulinarische Akzente setzen.

VEGAN LAKTOSEFREI GLUTENFREI (ohne Brot)

Orientalische Kichererbsen mit Orangen

FÜR 4 PORTIONEN

2 Zwiebeln
2 rote Paprika
2 Orangen
Olivenöl extra vergine
1 TL edelsüßes Paprikapulver
1 Prise Zimt
1 TL Kreuzkümmel
10 Fäden Safran
2 EL Tomatenmark
⅛ l halbsüßer Sherry
500 g gekochte Kichererbsen
Salz
Pfeffer aus der Mühle

Zwiebeln schälen und fein hacken. Strunk und Kerne der Paprika entfernen und Paprika in kleine Würfelchen schneiden. Orangen schälen und filetieren: Mit einem scharfen Messer oberes und unteres Ende und die Schale rundherum mit der weißen Haut abschneiden. Das Fruchtfleisch zwischen den Häutchen herauslösen.

Olivenöl in einem Topf erhitzen, Zwiebeln beifügen und glasig dünsten. Paprika beifügen und ebenfalls anbraten. Gewürze beifügen, kurz mitrösten, Tomatenmark beifügen und weiterrösten. Mit Sherry aufgießen, die gekochten Kichererbsen beifügen und alles zu einer sämigen und aromatischen Sauce einkochen lassen. Mit Salz und Pfeffer abschmecken.

Kurz vor dem Servieren die Orangenfilets unterrühren und alles nochmals kurz erwärmen. Mit Pitabrot oder Reis servieren.

VEGAN LAKTOSEFREI GLUTENFREI

Indisches Pakora-Gemüse

FÜR 4 PORTIONEN

2 Süßkartoffeln
½ Sellerieknolle
4 Topinampur-Knollen
1 kleiner Blumenkohl (Karfiol)
350 g Kichererbsenmehl
1 EL weißer Sesam
1 EL weißer Mohn
1 Handvoll Kräuter (z. B. Koriander)
1 TL Currypulver
Salz
Pfeffer
Sonnenblumenöl zum Frittieren

Gemüse schälen und in mundgerechte Stücke schneiden.

Kichererbsenmehl, Sesam und Mohn mit Wasser zu einem flüssigen Backteig rühren. Diesen mit Currypulver, Salz und Pfeffer würzen, die klein geschnittenen Kräuter unterrühren. Gemüsestücke durch den Backteig ziehen und in heißem Öl frittieren.

Zum Pakora-Gemüse passen Joghurtsauce oder Chutney.

TIPP:
Das Gemüse kann je nach Saison abgewandelt werden. Ebenfalls gut geeignet sind Karotten, Kürbis, Kohlrabi und Zwiebel.

VEGETARISCH · LAKTOSEFREI · GLUTENFREI · LOW-CARB

Low-Carb-Laibchen

FÜR 4 PORTIONEN

2 Zwiebeln
2 Knoblauchzehen
1 Bund Petersilie
450 g gekochte Kichererbsen
6 EL geschroteter Leinsamen
2 EL Chiasamen
6 EL gemahlene Mandeln
2 Eier
Salz
Pfeffer
brauner Sesam zum Panieren
hochwertiges Kokosöl

Zwiebeln und Knoblauch schälen, Petersilie waschen und alles sehr fein hacken.

Kichererbsen in der Küchenmaschine zu einem Brei zerkleinern. Mit Leinsamen, Chiasamen, Mandeln und Eiern vermischen. Mit Knoblauch, Zwiebel und Petersilie vermengen und mit Salz und Pfeffer würzen.

Laibchen formen und diese in braunem Natursesam panieren. In heißem Kokosöl herausbraten.

Diese Laibchen sind zum Mitnehmen als schneller Mittagssnack fürs Büro ein Hit.

VEGAN (ohne Eier) LAKTOSEFREI GLUTENFREI

Würziger Neuseeländer Spinat mit Nusstrilogie

FÜR 4 PORTIONEN

1 kg Neuseeländer Spinat (alternativ: Blattspinat)
1 große Zwiebel
3 Knoblauchzehen
Olivenöl extra vergine
Muskat
Kreuzkümmel
Salz
schwarzer Pfeffer
50 g Pinienkerne
50 g Mandelstifte
50 g Walnüsse, grob gehackt
50 g brauner Sesam

optional: 4 Eier, hart gekocht

Spinat verlesen, Blätter abzupfen, waschen und in Streifen schneiden. Zwiebel und Knoblauch schälen und fein hacken. Olivenöl erhitzen, Zwiebel und Knoblauch beifügen und goldgelb anrösten. Spinat beifügen, rösten und zusammenfallen lassen. Mit Muskat, Kreuzkümmel, Salz und Pfeffer würzen.

Nüsse und Sesam in einer Pfanne ohne Fett trocken rösten. Den Spinat damit bestreuen.

Optional mit hart gekochten Eiern (in Scheiben geschnitten) dekorieren und servieren.

Dazu schmecken Pellkartoffeln oder getoastetes Dinkelbrot.

INFO:

Neuseeländer Spinat kommt ursprünglich – wie der Name schon vermuten lässt – aus Neuseeland. Seit dem 18. Jahrhundert wird er aber auch in Europa angebaut, er gedeiht problemlos in unseren Breiten. Im eigenen Garten kultiviert ist er eine unkomplizierte und üppig wachsende Pflanze. Er versorgt uns mit einer Menge gesunder Vitalstoffe, ist kalorienarm und reich an Vitaminen und Mineralstoffen. Kulinarisch lässt er sich sowohl roh als Salat als auch gekocht wie Spinat zubereiten. Die fleischige Konsistenz der Blätter und ein würziges Spinataroma machen ihn zu einer besonderen vegetarischen Delikatesse.

VEGAN LAKTOSEFREI GLUTENFREI

Zuckererbsenschoten mit Cashewkernen und Koriander

FÜR 4 PORTIONEN

800 g Zuckererbsenschoten
200 g Cashewkerne
1 Bund frisches Koriandergrün
2 Knoblauchzehen
1 Schuss Pflanzenöl
Meersalz
Pfeffer aus der Mühle

Erbsenschoten waschen und Stielansätze entfernen. Cashewkerne in einer Pfanne ohne Fett trocken rösten. Koriander waschen und fein hacken. Knoblauch schälen und fein hacken.

Pflanzenöl in einer Pfanne erhitzen und Zuckererbsenschoten kurz darin garen – sie sollen bissfest bleiben. Gegen Ende der Garzeit Knoblauch dazugeben und kurz mitrösten. Anschließend den gehackten Koriander unterrühren, mit Salz und Pfeffer würzen und die Erbsenschoten mit den gerösteten, gehackten Cashewkernen bestreuen und servieren.

VEGAN LAKTOSEFREI GLUTENFREI

Kürbis-Bohnen-Gulasch mit Fenchel und Dill

FÜR 4 PORTIONEN

150 g Fenchelknolle
Sonnenblumenöl
300 g Kürbis,
geschält und ohne Kerne
3 TL edelsüßes Paprikapulver
½ TL gemahlener Kümmel
1 EL Tomatenmark
300 ml Gemüsesuppe
300 g gekochte weiße Bohnen
(Abtropfgewicht)
1 Spritzer Weißweinessig
Salz
1 Bund frischer Dill

Fenchel waschen, den Strunk entfernen. Fenchel in mundgerechte Streifen schneiden. Öl im Topf erhitzen und den Fenchel beifügen. Rund 5–10 Minuten bei mittlerer Hitze andünsten. Kürbis in 1 cm große Würfel schneiden, beifügen und mitdünsten. Paprikapulver, Kümmel und Tomatenmark beifügen, kurz durchrösten, mit Gemüsesuppe aufgießen und alles auf mittlerer Flamme weich dünsten.

Kurz bevor der Kürbis ganz weich ist, die abgetropften Bohnen dazugeben und noch ein paar Minuten weiterkochen, sodass das Gulasch etwas eindickt.

Mit einem Spritzer Weißweinessig und Salz abschmecken. Dill hacken und unterrühren. Das Gemüsegulasch heiß servieren.

VEGAN LAKTOSEFREI GLUTENFREI

Kichererbsen mit Stangensellerie und Tomatensauce

FÜR 4 PORTIONEN

1 weiße Zwiebel
3 Knoblauchzehen
1 kleiner Stangensellerie
Olivenöl extra vergine
500 g gekochte Kichererbsen
400 g Pelati
(geschälte und gekochte Tomaten aus dem Glas oder der Dose)
Salz
bunter Pfeffer aus der Mühle

Zwiebel und Knoblauch schälen und fein hacken. Stangensellerie waschen, Enden abschneiden und in feine Streifen schneiden.

Olivenöl in einem Kochtopf erhitzen, Zwiebel und Knoblauch darin ansautieren. Stangensellerie beifügen und alles kurz rösten. Die gekochten Kichererbsen abseihen und beifügen, Tomaten beifügen und alles etwas einköcheln.

Mit Salz und Pfeffer abschmecken und als Beilage oder Hauptspeise servieren.

VEGAN LAKTOSEFREI GLUTENFREI

Kichererbsen-Ratatouille

FÜR 4 PORTIONEN

2 mittelgroße rote Zwiebeln
2 Knoblauchzehen
2 kleine Zucchini
2 kleine Auberginen (Melanzani)
8 sonnengereifte Tomaten
3 EL Tomatenmark
2 Lorbeerblätter
1 Zweig Rosmarin
1 Zweig Salbei
Olivenöl extra vergine
2 EL Salzkapern
400 g gekochte Kichererbsen
Salz
Pfeffer

Zwiebeln und Knoblauch schälen und fein hacken. Das restliche Gemüse waschen, die Stielansätze entfernen. Gemüse in mundgerechte Stücke schneiden. Rosmarin und Salbei waschen, abzupfen und zerkleinern.

Zwiebeln und Knoblauch in Olivenöl ansautieren, Zucchini und Auberginen dazugeben und mitrösten. Tomaten, Tomatenmark, Lorbeerblätter, Kapern und die Hälfte der Kräuter beifügen und alles weich dünsten. Zum Schluss die gekochten Kichererbsen und die restlichen Kräuter beifügen und mit Salz und Pfeffer abschmecken.

Schmeckt als Beilage oder Hauptspeise.

VEGAN LAKTOSEFREI GLUTENFREI

Quinoa auf Mexikanisch

FÜR 4 PORTIONEN

100 g Quinoa
1 weiße Zwiebel
1 Knoblauchzehe
Olivenöl extra vergine
2 Paprika (z. B. je ½ grüner, gelber, roter und oranger)
200 g gekochte Kidneybohnen
60 g Mais aus dem Glas
1 Limette
Salz
1 Chili
1 Bund Koriandergrün

Quinoa in Salzwasser weich dämpfen.

Zwiebel und Knoblauch schälen, fein hacken und in Olivenöl kurz anbraten. Paprika von Stiel, Strunk und Kernen befreien und in kleine Würfel schneiden. Ebenfalls kurz mitrösten. Gekochte Bohnen, gebratene Paprikastücke, Mais und Quinoa vermengen. Mit Olivenöl, Limettensaft, Salz und gehacktem Chili würzen und mit gehacktem Koriandergrün bestreut servieren.

VEGAN LAKTOSEFREI GLUTENFREI

Belugalinsen mit Knoblauch, Ingwer und Zitrone

FÜR 4 PORTIONEN

350 g Belugalinsen
1 Lorbeerblatt
1 Knoblauchzehe
1 cm Ingwer
Olivenöl
1 EL Kichererbsenmehl
⅛ l Gemüsesuppe oder Wasser
1 Zitrone
Tamari
vegane Worcestershire-Sauce
1 Spritzer Balsamico-Essig

Linsen 30–45 Minuten (je nach Alter und Größe) mit Lorbeerblatt in der 2,5-fachen Menge Wasser auf kleiner Flamme weich kochen.

Knoblauch und Ingwer schälen und fein hacken. In Olivenöl anschwitzen, mit Kichererbsenmehl stauben, kurz durchrösten und mit Wasser oder Suppe ablöschen. Mit einem Schneebesen verrühren, sodass sich keine Klumpen bilden. Etwas einreduzieren und anschließend die gar gekochten Linsen beifügen und etwas einkochen lassen. Mit Saft und Abrieb von ½ Zitrone, Tamari, Worcestershire-Sauce, Balsamico-Essig und Salz abschmecken.

Die zweite Zitronenhälfte in Scheiben schneiden, Linsen damit garnieren.

TIPP:
Wenn von diesen Linsen etwas übrig bleibt, am nächsten Tag mit Gemüsesuppe aufgießen, einen Teil pürieren und das Ganze als Linsen-Zitronen-Suppe genießen.

VEGAN · LAKTOSEFREI · GLUTENFREI

Buntes Bohnengemüse

FÜR 4 PORTIONEN

2 Zwiebeln
1 roter Paprika
1 gelber Paprika
1 grüner Paprika
Sonnenblumenöl
500 g gekochte große, weiße Bohnen im Glas oder in der Dose
getrocknetes oder frisches Bohnenkraut
Salz
Pfeffer aus der Mühle

Zwiebeln schälen und fein hacken. Paprika waschen, Stiel, Kerne und Strunk entfernen. Paprika in Würfelchen schneiden.

Sonnenblumenöl erhitzen, Zwiebeln beifügen und kurz anrösten. Paprika dazugeben und rösten, bis sie weich sind. Die gekochten Bohnen abseihen und dazugeben. Mit Bohnenkraut, Salz und Pfeffer abschmecken.

VEGAN LAKTOSEFREI GLUTENFREI

Rotkraut-Mousse mit Haselnüssen

FÜR 4 PORTIONEN

800 g Tiefkühl-Rotkraut (Rotkohl)
1 Handvoll gemahlene Haselnüsse
1 Schuss Haselnuss-Öl
1 Prise Zimt
Salz und Pfeffer

Das Tiefkühl-Rotkraut bei geringer Hitze erwärmen. Haselnüsse und Öl beifügen und mit dem Stabmixer zu einem Mousse zerkleinern. Mit Zimt, Salz und Pfeffer abschmecken und als Beilage servieren.

VEGAN (ohne Butter) LAKTOSEFREI (ohne Butter) GLUTENFREI

Knoblauch-Nuss-Fisolen

FÜR 4 PORTIONEN

750 g Fisolen (grüne Bohnen)
3 Knoblauchzehen
100 g Walnüsse
2 EL Butter oder Olivenöl
Salz
Pfeffer aus der Mühle

Bohnen waschen, Enden entfernen und je nach Größe eventuell halbieren. In einem Topf mit Dämpfeinsatz oder im Dampfgarer weich dämpfen. Mit eiskaltem Wasser kurz abschrecken. Abseihen und abtropfen lassen.

Knoblauch schälen und fein hacken. Geschälte Nüsse grob hacken.

Butter in einem Topf erwärmen, Knoblauch darin kurz anrösten, Nüsse beifügen. Die gegarten Bohnen dazugeben und gut durchschwenken.

Mit Salz und Pfeffer abschmecken und als Beilage oder Vorspeise servieren.

Fisolengulasch

FÜR 4 PORTIONEN

750 g Fisolen (grüne Bohnen)
1 Zwiebel
1 Knoblauchzehe
1 Schuss Olivenöl extra vergine
1 gehäufter EL Paprikapulver
1 Klecks Tomatenmark
1 Spritzer Apfelessig
1 Schuss Gemüsesuppe
1 EL Dinkelvollkornmehl
Kräutersalz
bunter Pfeffer aus der Mühle
1 Handvoll frischer Majoran

Bohnen waschen, Enden abschneiden und gegebenenfalls die Fäden entfernen. In mundgerechte Stücke schneiden.

Zwiebel und Knoblauch schälen, fein hacken und in etwas Olivenöl anrösten. Paprikapulver beifügen und bei geringer Hitze kurz mitrösten (Vorsicht, dass es nicht anbrennt und bitter wird!). Tomatenmark dazugeben und mit einem Schuss Essig ablöschen. Bohnen dazugeben. Mit etwas Gemüsesuppe aufgießen und weich dünsten lassen. Gegen Ende mit etwas Dinkelvollkornmehl binden, dabei mit dem Schneebesen gut durchrühren, sodass keine Klumpen entstehen. Abermals so viel Suppe beifügen, dass das Gulasch eine cremige Konsistenz erhält.

Mit Kräutersalz, Pfeffer und frischem Majoran abschmecken und heiß servieren.

Dazu passt getoastetes Urkornbrot.

VEGAN · LAKTOSEFREI · GLUTENFREI

Veggie-Gulasch mit getrockneten Tomaten

FÜR 4 PORTIONEN

2 große rote Zwiebeln
6 Knoblauchzehen
1 kg festkochende Kartoffeln
500 g Räuchertofu
1 Aubergine (Melanzani)
200 g getrocknete Tomaten
Olivenöl extra vergine
4 EL edelsüßes Paprikapulver
gemahlener Kümmel
Majoran
Salz
1 Spritzer Balsamico-Essig
1 Prise Vollrohrzucker
Pfeffer aus der Mühle

Zwiebeln, Knoblauch und Kartoffeln schälen. Kartoffeln in mundgerechte Würfelchen schneiden. Räuchertofu in Würfel oder nach Belieben in Streifen schneiden. Aubergine in Würfel schneiden, getrocknete Tomaten ebenfalls in mundgerechte Stücke schneiden.

Zwiebeln und Knoblauch fein hacken und in Olivenöl anrösten. Kartoffeln und Paprikapulver beifügen und kurz mitrösten. Mit 1,4 l heißem Wasser aufgießen. Mit Kümmel, Majoran und Salz würzen.

Wenn die Kartoffeln fast weich sind, Aubergine, Räuchertofu und getrocknete Tomaten beifügen und alles fertig kochen. Mit einem Schuss Balsamico, Vollrohrzucker sowie Salz und Pfeffer abschmecken.

VEGETARISCH · LAKTOSEFREI · GLUTENFREI (ohne Brot)

Vanille-Zuckererbsen

FÜR 4 PORTIONEN

800 g Zuckererbsenschoten
2 EL Butter
1 Bourbon-Vanilleschote
1 EL brauner und schwarzer Sesam, gemörsert
schwarzer Pfeffer aus der Mühle
Salz

Zuckererbsenschoten waschen und Stielansätze entfernen. Butter in einer Pfanne schmelzen lassen. Zuckererbsen beifügen und kurz in der warmen Butter garen.

Eine Bourbon-Vanilleschote aufschneiden und das Vanillemark herauskratzen. Die Erbsenschoten mit Vanillemark, Sesam, schwarzem Pfeffer und etwas Salz abschmecken.

Schmeckt als exklusive Beilage oder mit knusprigem Urkornbrot als vegetarische Vorspeise.

VEGETARISCH · LAKTOSEARM · GLUTENFREI

Buntes Kürbiskern-Omelett

FÜR 4 PORTIONEN

1 große Zwiebel
2 rote Spitzpaprika
1 Schuss Olivenöl
100 g Kürbiskerne
8 Eier
Salz
Pfeffer aus der Mühle
100 g Schaf- oder Ziegenkäse
1 Schuss Kürbiskernöl

Zwiebel schälen, Kerne und Strunk der Paprika entfernen. Zwiebel und Paprika in feine Streifen schneiden.

Olivenöl in einer Pfanne erhitzen. Zwiebel, Paprika und Kürbiskerne darin anrösten. Eier verquirlen, mit Salz und Pfeffer würzen und mit Gemüse und Kernen vermischen. Hitze reduzieren und nicht mehr umrühren.

Käse in kleine Stücke schneiden oder brechen und das Omelett damit bestreuen. Bei kleiner Hitze fertig braten, bis der Käse leicht geschmolzen ist. Mit einem Schuss Kürbiskernöl beträufeln und heiß servieren.

Desserts

VEGETARISCH LAKTOSEARM GLUTENFREI

Flambierte Walnüsse

FÜR 4 PORTIONEN

4 EL Butter
2 EL Vollrohrzucker
200 g ausgelöste Walnüsse
4 EL hochprozentige Fair-Trade-Schokolade, gerieben
1/16 l Cognac

Butter schmelzen und den Zucker darin karamellisieren lassen. Nüsse beifügen, etwas mitrösten, bis sie braun werden. Schokolade unterrühren, den Cognac angießen und die Nüsse flambieren.

Als Dessert servieren.

TIPP:
Dazu passen Vanilleeis oder Pudding.

VEGAN (ohne Honig) LAKTOSEFREI GLUTENFREI

Soja-Heidelbeer-Creme

FÜR 4 PORTIONEN

400 g Heidelbeeren
800 ml Sojajoghurt
6 EL Chiasamen
Honig nach Geschmack (alternativ: Rohrzucker oder Agavensirup)

Heidelbeeren waschen und im Blender mit dem Sojajoghurt zerkleinern. Chiasamen und Honig beifügen, gut durchrühren und in Gläser abfüllen.

Im Kühlschrank fest werden lassen und als leichtes Dessert servieren.

VEGAN (ohne Honig) LAKTOSEFREI GLUTENFREI

Granatapfel-Sojajoghurt mit Nüssen

FÜR 4 PORTIONEN

2 Granatäpfel
1 Handvoll Mandeln
1 Handvoll Walnüsse
800 ml Sojajoghurt
1 Prise Zimt gemahlen
Honig nach Belieben
(alternativ: Ahornsirup, Agavendicksaft oder Melasse)

Granatapfelkerne aus der Schale lösen, Nüsse hacken.

Sojajoghurt mit einem Großteil der Nüsse und Granatapfelkernen verrühren, mit einer Prise Zimt aromatisieren.

Das Joghurt auf Schälchen aufteilen, mit den restlichen Nüssen und Granatapfelkernen bestreuen und nach Belieben mit Honig überziehen.

VEGAN (ohne Milch) LAKTOSEFREI (ohne Milch) GLUTENFREI

Overnight-Oats

FÜR 4 PORTIONEN

200 g Haferflocken
1 Handvoll Rosinen
480 ml Wasser
(alternativ: Hafermilch, Dinkelmilch oder Milch)
1 Prise Zimt, Vanille oder Kardamom
frisches Obst nach Belieben
1 Handvoll Nüsse

Haferflocken und Rosinen über Nacht in Wasser einweichen. Am nächsten Morgen mit Zimt, Vanille oder Kardamom aromatisieren, kurz erwärmen und mit etwas frischem Obst und Nüssen zum Frühstück genießen oder als Dessert servieren.

TIPP:
Die Rosinen enthalten so viel natürliche Fruchtsüße, dass die Zugabe von weiteren Süßungsmitteln nicht mehr nötig ist.

VEGAN LAKTOSEFREI GLUTENFREI

Sündige Hanfsamen-Energiekugerln

FÜR 30 KLEINE KUGELN

80 g geschälte Hanfsamen
40 g Pinienkerne
40 g Rohkakao-Nibs
120 g Medjoul-Datteln (ersatzweise herkömmliche Datteln)
4 ml Agavensirup

60 g Hanfsamen, Pinienkerne und Kakao-Nibs in der Küchenmaschine zerkleinern. Datteln entkernen und in kleine Stücke schneiden. Dattelstücke und Agavensirup zu den anderen Zutaten in die Küchenmaschine geben und alles gut zerkleinern. Anschließend mit den Händen nochmals durchkneten. Aus der Masse kleine Kugeln formen.

Die fertigen Kugerln in den restlichen Hanfsamen wälzen.

Ulli Goschler, Isabella Burtscher-Pap

Superfood to go
Vitalsnacks für rasche Energie

ISBN 978-3-7088-0637-2
132 Seiten, durchgehend farbig, Hardcover

Superfoods sind die nährstoffreichsten Lebensmittel der Welt. Man findet sie im eigenen Garten in Form von Beeren, Nüssen oder dunkelgrünem Blattgemüse, im Wald und auf der Wiese als leckere Aroniabeeren, Kastanien oder Brennnesseln, im Supermarkt als Granatäpfel, Oliven oder Artischocken oder beim Spezialisten als Matcha, Chiasamen oder Macawurzeln.
Sie alle überzeugen mit einem hohen Anteil an Vitaminen, Mineralstoffen und Antioxidantien.

Die beiden Autorinnen haben rund 40 heimische und exotische Superfoods durchleuchtet und verraten ihre Geheimnisse. Zu jedem beschriebenen Superfood gibt es ein vegetarisches bzw. veganes Rezept für einen köstlichen Snack, der für schnelle Energie und eine Extraportion Nährstoffe sorgt.

Ulli Goschler, Christine Egger

Anders backen

Gesunde Alternativen zu Weißmehl und weißem Zucker

ISBN 978-3-7088-0595-5
132 Seiten, durchgehend farbig, Hardcover

Immer mehr Menschen möchten – aus gutem Grund – den Konsum von weißem Zucker und Weißmehl reduzieren: Beides lässt den Blutzuckerspiegel schnell ansteigen, ohne satt zu machen, führt zu Heißhungerattacken und belastet den Stoffwechsel.

EUR 17,99

Die beiden Autorinnen zeigen in den 70 Rezepten dieses alternativen Backbuchs, wie sich süße Genüsse und eine gesunde Ernährung vereinen lassen – mit den vollwertigen Mehlen alter Getreidesorten wie Emmer, Einkorn und Dinkel sowie glutenfreien Varianten aus Buchweizen, Braunhirse oder Reis. Alternativen zum weißen Zucker werden in Form von Birkenzucker, Vollrohrzucker, Melasse, Honig, Malz sowie (Trocken-) Früchten zum Einsatz gebracht.

Ulli Zika, Johanna Sillipp

Droge Zucker & Weizen

Ein Plädoyer für ein Leben ohne Dick- und Krankmacher

ISBN 978-3-7088-0658-7
160 Seiten, durchgehend farbig, Broschur mit Klappen

Kaum eine Mahlzeit kommt heute ohne Zucker und Weizen aus. Gleichzeitig leiden in den Industrieländern immer mehr Menschen an Unverträglichkeiten, Darmerkrankungen, Diabetes und Übergewicht. Das ist kein Zufall: Zucker und Weizen können süchtig machen, und wenn die Falle einmal zugeschnappt ist, fällt der Ausstieg schwer.

Ulli Zika und Johanna Sillipp werfen einen Blick hinter die Kulissen dieser Thematik: Sie geben einen Einblick in evolutionäre Prägungen und kulturgeschichtliche Entwicklungen des Zucker- und Weizenkonsums. Die beiden Autorinnen ermutigen ihre Leserschaft, das eigene Essverhalten unter die Lupe zu nehmen und wertvolle Alternativen zu entdecken.